IL MANUALE DELLE TARTARUGHE E DELLE TARTARUGHINE TERRESTRI E ACQUATICHE

Enrique Dauner - Filippo Alberto Vaini

IL MANUALE DELLE TARTARUGHE E DELLE TARTARUGHINE TERRESTRI E ACQUATICHE

DVE ITALIA S.P.A. – MILANO

Nonostante la massima cura posta nella redazione di quest'opera, né l'editore né gli autori possono assumersi alcuna responsabilità per le informazioni fornite nel testo. Si consiglia, in caso di problemi specifici – spesso unici – di ogni singolo lettore, di consultarsi con persona qualificata per ottenere le informazioni più complete, più precise e più aggiornate possibili.

Le foto delle tavole a colori sono state gentilmente fornite da Jacquin Andrea

Traduzione di Carla Gabriella Gambaro

Se desiderate ricevere il nostro catalogo ed essere informati sulle nostre nuove pubblicazioni scriveteci al seguente indirizzo:

DVE ITALIA S.p.A.
20124 Milano – Via Vittor Pisani, 16

INTRODUZIONE

Le tartarughe sono sempre state presenti, in un modo o nell'altro, nella mia vita. Alcuni dei miei ricordi più lontani risalgono al tempo in cui avevo tre o quattro anni e osservavo attonito un vecchissimo esemplare di *Testudo graeca* che trascinava pigramente il proprio peso e i propri anni nel giardino della nostra casa. Le tartarughe "del giardino", come le chiamavo io, si riproducevano ogni anno, popolando il prato di minuscoli esseri di colore giallo e nero: furono proprio questi piccoli animali a rappresentare il mio primo approccio con il mondo dei rettili.
Alcuni anni più tardi entrai in possesso delle mie prime tartarughe della Florida (*Chrysemys*) e in seguito vennero le *Chelydra*, con il loro potente becco, e le *Clemmys*, che vagavano nello stesso stagno.
All'età di diciotto anni ebbi l'occasione di osservare *in situ* la vita di numerose specie dell'India, mentre alcuni anni più tardi le isole Galapagos, la Sardegna, Minorca; il Sud Africa, la Nuova Guinea, il Mar dei Coralli, l'Oceano Indiano e quello Atlantico sono stati la cornice nella quale si sono svolti molti dei miei incontri con questi animali.
Attualmente la maggior parte delle specie è rigorosamente protetta: la loro sopravvivenza dipenderà in gran parte dalla corretta applicazione delle leggi vigenti e dalla protezione dell'habitat in cui vivono.

L'ORIGINE DELLE TARTARUGHE

Circa 200 milioni di anni fa, durante il periodo Triassico, quando incominciava ormai a delinearsi all'orizzonte il tramonto del lunghissimo impero dei dinosauri, esistevano già alcuni esseri corazzati la cui linea e le cui forme si sarebbero in seguito dimostrati sufficientemente perfetti da consentire loro di giungere fino ai giorni nostri con poche trasformazioni: si trattava delle prime tartarughe.
I loro fossili più antichi sono stati rinvenuti nei giacimenti del Triassico in Germania e hanno permesso di dimostrare come alcune delle caratteristiche fondamentali di questi animali, quali il cranio molto robusto e composto da un numero ridotto di ossa o l'imponente corazza protettiva, siano comuni anche agli esemplari attuali.
Nonostante i numerosissimi fossili studiati e le diverse teorie enunciate dai paleontologi nel corso degli ultimi cento anni, l'origine delle tartarughe e l'aspetto dei loro antenati più prossimi continuano a rappresentare ancora oggi un mistero.
Durante il Mesozoico, ossia dai 65 ai 225 milioni di anni fa, i rettili dominavano la Terra. Avevano fatto la loro comparsa nel periodo Carbonifero, evolvendosi a partire dagli anfibi e trasformandosi nei primi vertebrati adattati alla vita in ambienti aridi. Le loro uova, a differenza di quelle degli anfibi, non avevano bisogno di essere deposte nell'acqua ed

erano avvolte da un involucro protettivo che le isolava dall'umidità (o dall'aridità dell'ambiente). I loro polmoni ben sviluppati, l'efficienza del loro sistema circolatorio e la fecondazione interna mediante gli organi copulatori del maschio (doppi nei sauri e nei serpenti) furono alcune delle caratteristiche che facilitarono la sopravvivenza di questi animali.

Durante il periodo Carbonifero erano comparsi sulla Terra alcuni piccoli rettili (della lunghezza di circa 50 cm) chiamati Cotilosauri (Ordine dei *Cotilosauria*), che sono probabilmente gli antenati più primitivi delle nostre tartarughe e tra i quali il genere *Seymouria* costituisce probabilmente il gruppo più primitivo in assoluto. Questi animali erano caratterizzati da un tronco grosso e leggermente compresso, da una coda corta, molto larga alla base e stretta all'estremità, e da zampe anch'esse corte e provviste di cinque dita. Si ritiene che i Cotilosauri presentassero la linea laterale, fattore che dimostrerebbe la loro esistenza anfibia.

Attualmente è stato universalmente accettato che il più antico rappresentante dell'ordine dei Cheloni (*Chelonia*) sia il genere *Eunotosaurus*, sebbene tra essi e i Cotilosauri rimanga un notevole vuoto nell'ambito del registro fossile. Alcuni fossili di *Eunotosaurus africanus* furono rinvenuti nell'Africa meridionale in vari strati del Permico medio (si trattava di reperti appartenenti a esemplari in cattivo stato): nonostante fossero forniti di denti e possedessero alcune altre caratteristiche comuni ai rettili più primitivi, si ha ragione di credere che siano da considerare più vicini alle attuali tartarughe che alle forme primitive tuttora sconosciute. La ricerca dell'"anello perduto" nella catena dell'evoluzione delle tartarughe continua ancora oggi.

LE CARATTERISTICHE DEI CHELONI

MORFOLOGIA OSSEA

La corazza molto robusta e convessa nella sua parte superiore costituisce la caratteristica fondamentale che accomuna tutte le tartarughe e le differenzia dagli altri gruppi di rettili. Questa corazza è formata dalle ossa dello scheletro interno e da altre ossa larghe e piatte, formate sulla pelle e quasi sempre saldate con le prime. Nella maggior parte delle specie la superficie della corazza è rivestita da placche cornee, ma in alcuni casi il rivestimento può anche essere di pelle morbida.
La corazza si divide in due parti: una dorsale, chiamata scudo o carapace, e una ventrale, chiamata piastrone; le due parti sono unite tra di loro da legamenti elastici. Il carapace è costituito da cinque serie longitudinali di placche ossee: una media (o vertebrale), due costali e due marginali. Queste placche ossee sono a loro volta ricoperte da placche cornee giustapposte o embricate, il cui numero e forma non corrispondono e che prendono il nome di nucali, neurali o vertebrali, costali, marginali e sopracaudali. Il piastrone consta di quattro paia di placche ossee chiamate epipiastre, iopiastre, ipopiastre e xifipiastre, e da una placca impari detta entopiastra. Analogamente al carapace anche il piastrone è ricoperto da placche cornee, che, a se-

conda della posizione occupata, vengono classificate in intergolari, golari, omerali, pettorali, addominali, femorali, anali e inframarginali.

La colonna vertebrale delle tartarughe comprende almeno 36 vertebre e risulta mobile solo nelle regioni caudale e cervicale, mentre il resto è saldato al carapace.

Le ossa mascellari superiori e la mandibola sono privi di denti, sostituiti da prominenze cornee che formano un becco molto affilato.

Denominazione delle placche cornee della corazza di una tartaruga.
Scudo o carapace (figura di sinistra):
V. neurali o vertebrali, C. costali, M. marginali, S. sopracaudali, N. nucali
Piastrone (figura di destra):
I. intergolari, G. golari, O. omerali, P. pettorali, Add. addominali, F. femorali, An. anali

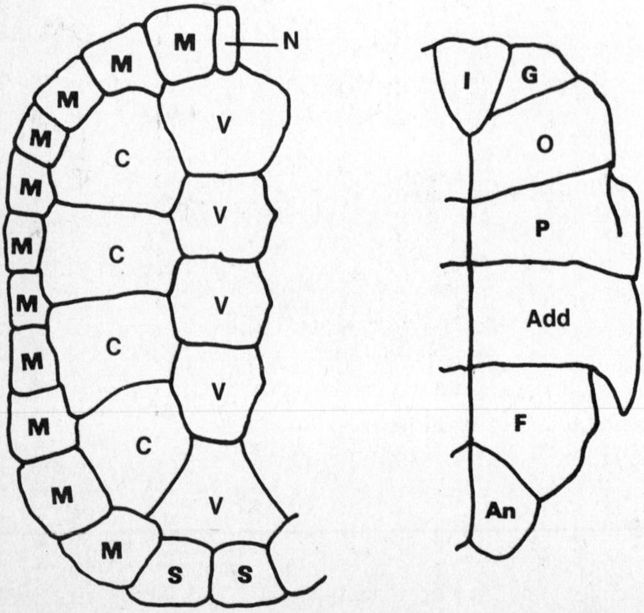

ANATOMIA INTERNA

La muscolatura toracica della tartaruga è scarsamente sviluppata, contrariamente a quanto avviene nel caso delle estremità e del collo. La testa, il collo, gli arti e la coda possono rimanere al di fuori della corazza oppure essere retratti. La pelle che ricopre la testa, il collo, le estremità e, a volte, anche la corazza può essere nuda oppure ricoperta di placche o tubercoli di tipo differente.
L'apparato respiratorio di questo animale possiede una caratteristica unica nei tetrapodi ed estremamente interessante. Dal momento che la cassa toracica è immobile e fissa, l'inspirazione e l'espirazione vengono infatti realizzate mediante movimenti delle estremità anteriori e del collo. Le specie acquatiche utilizzano inoltre anche la cloaca, le cui pareti interne, eccezionalmente vascolarizzate, sono in grado di assorbire l'ossigeno presente nell'acqua come se si trattasse di branchie.
La maggior parte delle tartarughe è infine capace di effettuare immersioni in apnea molto prolungate.
Il sistema nervoso non presenta caratteristiche particolari. Per molto tempo si è creduto che l'udito delle tartarughe servisse solo per captare le vibrazioni trasmesse nell'acqua o nel terreno, tuttavia recentemente è stato provato che tramite esso l'animale riesce anche a cogliere le vibrazioni trasmesse nell'aria e che la sua acutezza è simile a quella dell'udito dei gatti. L'orecchio delle tartarughe è privo di condotto uditivo esterno e la membrana timpanica può essere visibile o invisibile.
La vista di questi animali è perfetta e l'occhio, protetto da tre palpebre, si trova a contatto con le ghiandole di Harder.
Nei Cheloni anche l'apparato digestivo non presenta caratteristiche particolari. La lingua è molle e non protrattile,

l'esofago contiene numerose papille, lo stomaco è in genere semplice e l'intestino può essere privo del tratto cieco. La cloaca sbocca all'esterno attraverso un'apertura arrotondata, dalla quale vengono espulsi i prodotti dell'apparato escretore e genitale.

ADATTAMENTO AL CLIMA

A CURA DI FILIPPO ALBERTO VAINI

A differenza dei mammiferi e degli uccelli, animali che mantengono costante la temperatura corporea indipendentemente dalla temperatura ambientale (detti perciò vertebrati omeotermi), le tartarughe, come tutti gli altri rettili, i pesci e gli anfibi, si comportano in modo completamente opposto (sono vertebrati eterotermi). Esse subiscono la temperatura dell'ambiente in cui vivono e attenuano le variazioni giornaliere e stagionali di questa mediante modificazioni del comportamento.
Poiché ogni specie di Cheloni, sia essa terrestre o acquatica, ha un ben definito intervallo di temperatura ottimale, quando le condizioni climatiche si avvicinano agli estremi di questo intervallo, la tartaruga aumenta l'esposizione al sole in caso di temperatura troppo bassa o, viceversa, si rifugia in luoghi ombrosi per evitare il surriscaldamento corporeo.
Quando l'intervallo di temperatura sopportabile viene superato per un periodo di tempo troppo lungo — e ciò avviene generalmente durante la stagione estiva e invernale — le tartarughe entrano in letargo. Questo consiste nel porsi in anfratti e buche scavate dallo stesso animale, attuando contemporaneamente un rallentamento delle funzioni vitali e utilizzando come alimento le sostanze di riserva accumulate nei periodi precedenti. Tutto ciò fino al momento in

cui saranno ripristinati i livelli di temperatura che la tartaruga può sopportare.
Viene definito *ibernazione* il periodo di letargo invernale che le tartarughe viventi nei climi più freddi mettono in atto al sopraggiungere dell'autunno.
I Cheloni, che popolano le zone della Terra dove la stagione calda corrisponde anche al periodo di siccità, iniziano la cosiddetta *estivazione* quando comincia il prosciugamento delle pozze e delle paludi. Le buche in questi casi vengono scavate in prossimità delle zone rimaste più umide.
Un discorso a parte riguarda le tartarughe marine le quali, trascorrendo tutta la vita, tranne il periodo riproduttivo, in un ambiente con condizioni di temperatura quasi costanti, non necessitano di periodi di letargo e restano perciò continuamente in attività.

RIPRODUZIONE

Tutte le tartarughe depongono uova (in alcune specie in numero addirittura superiore al centinaio) e non si conoscono casi di viviparismo né di ovoviviparismo. La deposizione avviene in buche scavate dalle stesse femmine e l'incubazione è affidata al calore del sole.
L'organo copulatorio maschile è semplice, senza ramificazioni, ed è fissato alla parete interna della cloaca. Quando è ritratto, il pene trova posto alla base della coda, che nei maschi è più larga e grossa rispetto alle femmine. In alcuni casi i maschi, anche in assenza di femmine con le quali accoppiarsi, possono avere erezioni durante le quali l'organo sessuale fuoriesce all'esterno, per ritrarsi solo dopo diverse ore (o addirittura giorni). Questo comportamento, seppure non molto frequente, ha allarmato spesso diversi

proprietari di tartarughe, convinti che il proprio esemplare soffrisse di un prolasso dei visceri o di gravi emorroidi.
Il rito nuziale e l'accoppiamento delle tartarughe variano da una specie all'altra: in alcuni casi il maschio si limita ad avvicinarsi lentamente alla femmina per poi accoppiarsi ripetutamente con essa, mentre a volte le coppie si inseguono a lungo simulando veri e propri combattimenti, con sbuffi e grugniti di vario tipo. Il maschio in genere afferra la femmina per la parte anteriore del carapace servendosi delle unghie, ma tale sistema può giungere a rivelarsi estremamente difficoltoso se la femmina non collabora. Questo avviene soprattutto nel caso delle tartarughe scatola (*Terrapene*).
Le tartarughe in genere non si dimostrano molto originali nelle pratiche dell'accoppiamento, tuttavia a volte può capitare di vedere una coppia di *Sternotherus odoratus* avvinghiata piastrone contro piastrone, mentre il maschio immobilizza la compagna contemporaneamente con le quattro zampe.
Questi animali in genere si accoppiano solo con individui della stessa specie, tuttavia la ricercatrice Barbara Froom cita ripetuti casi di unioni tra *Chinemys reevesi* e *Clemmys japonica*. Le uova di tali esemplari non sono mai però risultate fecondate.
Le femmine sono in grado di conservare gli spermatozoi del maschio e di deporre le uova fecondate anche a quattro anni di distanza dall'ultimo accoppiamento. Tra i sessanta e i novanta giorni dalla deposizione delle uova nascono i piccoli, dotati di uno speciale dente che permette loro di rompere il guscio e che in seguito cade. Le tartarughe neonate possiedono anche un piccolo sacco vitellino, collegato al piastrone e contenente l'alimento necessario per i primi giorni di vita fuori dall'uovo: sotto questo aspetto, sono quindi completamente autosufficienti.

LONGEVITÀ

Non esiste alcun metodo sicuro e affidabile per calcolare l'età di una tartaruga viva, poiché, anche se le linee di crescita delle placche cornee corrispondono al numero di stadi dell'età, è relativamente frequente che dopo alcuni anni gli animali perdano queste placche o le mutino. Altrettanto impossibile è stabilire l'età delle tartarughe dal guscio molle.
Nel caso invece di esemplari morti l'età può essere calcolata con una certa precisione sezionando un femore e verificando il numero di anelli di crescita (analogamente al processo utilizzato per determinare l'età degli alberi).
La longevità delle tartarughe è in ogni caso sempre considerevole e può essere stabilita con precisione solo per gli esemplari nati e morti in cattività. Riportiamo qui la durata della vita di alcune specie vissute in cattività:

Terrapene carolina	oltre 130 anni
Geochelone elephantopus	oltre 150 anni
Testudo graeca	oltre 125 anni
Emys orbicularis	oltre 100 anni

Oltre che dalla straordinaria longevità, le tartarughe sono caratterizzate anche dall'eccezionale resistenza alle avversità delle condizioni ambientali in cui vivono e non sono rari i casi di sopravvivenza agli incidenti più disastrosi. Questi animali sono inoltre in grado di sopravvivere per diversi anni senza assumere alimenti.

PSICOLOGIA

Le tartarughe, insieme ai coccodrilli, sono tra i rettili più "intelligenti". Molte specie sono infatti capaci di riconoscere le persone che le nutrono e di presentarsi puntualmente in un determinato luogo all'ora prestabilita. Si tratta inoltre di animali estremamente testardi e particolarmente abili nel localizzare il punto più cedevole di un terrario, incominciando a distruggerlo proprio da lì.

DISTRIBUZIONE GEOGRAFICA DELLE TARTARUGHE

La maggior parte delle specie terrestri e acquatiche vive nelle regioni tropicali e subtropicali del globo, oppure nelle zone in cui le temperature medie diurne in genere non scendono al di sotto dei 18° C. Esistono tuttavia diverse specie che si sono adattate a vivere anche in regioni dal clima più rigido, come l'Europa, il Canada e l'Asia Centrale. In Europa la specie che vive nelle zone più settentrionali è l'*Emys orbicularis*, che raggiunge le coste della Polonia e dell'Unione Sovietica affacciate sul Mar Baltico. Le tartarughe marine in genere preferiscono le calde acque tropicali o quelle miti del Mediterraneo, anche se la *Dermochelys coriacea* è stata avvistata addirittura nei mari artici ed è arrivata a riprodursi in luoghi tanto diversi come la Nuova Scozia (Canada) e le Guiane (Sud America).

CLASSIFICAZIONE

Le tartarughe costituiscono l'ordine dei Cheloni o Testudinati, appartenente alla classe dei Rettili. Tale ordine comprende circa 250 specie suddivise in 70 generi.

Sezione:	Vertebrati o craniati.
Classe:	Rettili.
Ordine:	Cheloni o testudinati.

LE TARTARUGHE MARINE

Le tartarughe marine, grandi viaggiatrici transoceaniche molto diffuse nei tempi passati, si trovano attualmente in pericolo di estinzione a causa dell'azione diretta (cattura di adulti e uova) e indiretta (distruzione del suo ambiente di riproduzione e inquinamento del mare) dell'uomo. Nonostante nella maggior parte dei paesi del mondo le leggi teoricamente proteggano questi animali, all'atto pratico ciò infatti non accade.
Le tartarughe marine si dividono in due famiglie: quella delle *Cheloniidae* e quella delle *Dermochelydae.*

FAMIGLIA CHELONIIDAE

A questa famiglia appartengono sei specie, suddivise nei generi *Chelonia*, *Caretta*, *Eretmochelys* e *Lepidochelys*. Si tratta sempre di animali la cui vita trascorre interamente in mare e solo le femmine approdano alla terraferma per deporre le uova su spiagge deserte. Le tartarughe marine sono eccellenti nuotatrici e le loro estremità anteriori risultano trasformate in grandi pinne che permettono di effettuare movimenti di grande potenza. Le ossa della corazza, ricoperte di placche cornee, sono di grossa misura. Il collo è poco retrattile e la testa è grossa, forte e dotata di un

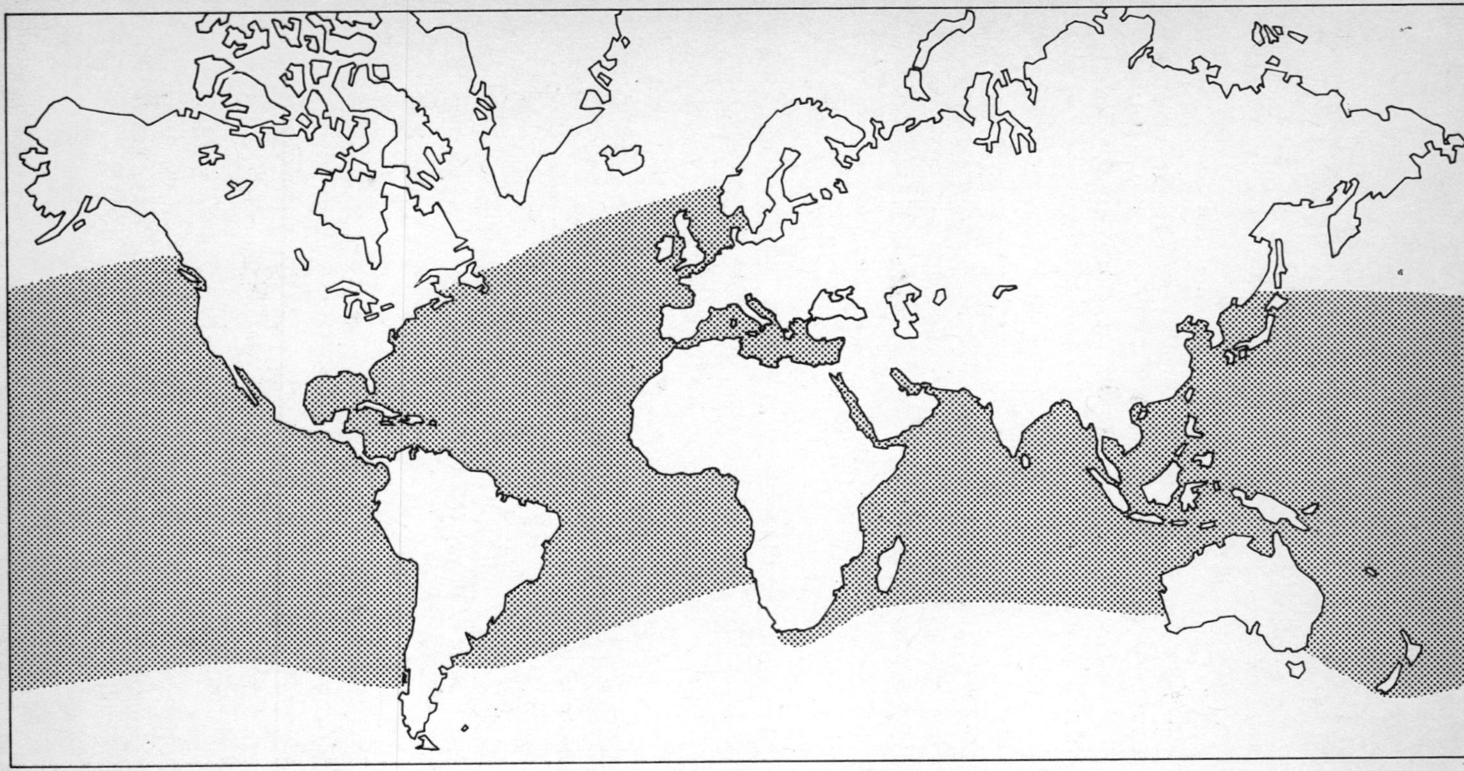

Distribuzione geografica della famiglia Cheloniidae

robusto becco, che può provocare gravi ferite a chi non abbia l'accortezza di usare le dovute precauzioni.

Caretta caretta (tartaruga caretta)

Il carapace di questa tartaruga è completamente ossificato e ricoperto di placche cornee, che si dividono nel seguente modo: 5 vertebrali, 5 paia di costali e 27 marginali. Tra gli occhi sono presenti due paia di scaglie prefrontali e nei maschi la coda sporge considerevolmente dalla corazza. La lunghezza massima dello scudo può essere di circa 105 cm, mentre la lunghezza totale può raggiungere i 130 cm. Gli esemplari di *Caretta caretta* vivono negli oceani Atlantico, Pacifico e Indiano, ma sono diffusi anche nel Mar Mediterraneo e nel Mar Nero.
Le uova (sferiche, di 41 mm di diametro) vengono deposte dalle femmine tra maggio e agosto durante l'alta marea, raggiungendo anche il numero di 125. La schiusa avviene dopo un intervallo di tempo che va dalle 7 alle 9 settimane, a seconda della temperatura dell'ambiente, e i piccoli si dirigono immediatamente verso il mare guidati dal bagliore della superficie dell'acqua. Per questo motivo può a volte accadere che le giovani tartarughe vengano ingannevolmente attratte dalle luci di una strada vicina e finiscano per morire in massa investite dalle automobili. Questo fattore, unitamente alla progressiva urbanizzazione delle spiagge e alla costante persecuzione alla quale questi animali sono sottoposti dall'uomo, aumenta ogni giorno il pericolo di estinzione della razza.
La dieta di questa specie è onnivora e comprende grandi quantità di salpe e meduse, piuttosto facili da catturare nell'ambiente pelagico in cui vivono. La *Caretta caretta gigas* è una sottospecie tipica dell'Oceano Pacifico e dell'Oceano Indiano.

Chelonia mydas

Chelonia mydas (testuggine franca o testuggine verde)

Si tratta di tartarughe particolarmente abbondanti nelle acque degli oceani Atlantico e Pacifico, con una spiccata preferenza per le zone poco profonde e ricche di fanerogа-

me marine (soprattutto *Zostera*), le piante che costituiscono l'alimentazione di base degli esemplari adulti.
Il carapace è di colore bruno scuro oppure olivastro e può raggiungere la lunghezza di 153 cm. Le placche cornee sono giustapposte e comprendono 5 vertebrali, 4 paia di costali e 25 marginali. Le *Chelonia mydas* sono inoltre provviste di due scaglie prefrontali tra gli occhi e la coda del maschio è fornita di un'appendice a forma di unghia.
La maturità sessuale viene raggiunta all'età di 20-30 anni: a partire da questo momento le femmine incominciano a deporre le uova ogni 2-4 anni, da 1 a 8 volte per stagione. Le uova, solitamente nel numero di circa un centinaio, hanno le dimensioni di una pallina da golf e vengono abbandonate su spiagge deserte a circa 50 m dalla riva. La schiusa avviene dopo circa dieci mesi.
Durante il primo anno di vita i giovani esemplari in genere rimangono in mare aperto, nuotando alla deriva e nutrendosi di vegetali o di piccoli invertebrati trascinati dalle correnti. Successivamente ritornano alle acque poco profonde, nelle quali trascorreranno il resto della loro esistenza, effettuando migrazioni anche di 3.000 Km.
La *Chelonia m. mydas* è tipica dell'Atlantico e del Mediterraneo, mentre le sottospecie *C.m. agassizi* e *C.m. japonica* vivono nelle acque degli oceani Indiano e Pacifico. La *C.m. depressa* è propria dell'Australia.

Eretmochelys imbricata (tartaruga embricata)

È la razza più sfortunata in quanto le placche cornee della sua corazza vengono da secoli utilizzate per realizzare oggetti di valore, con le conseguenti stragi di massa che ciò implica.
Solitamente la tartaruga embricata vive nelle acque tropicali e la sua corazza non supera quasi mai i 90 cm di lun-

ghezza. Il carapace, parzialmente ossificato, è cuoriforme e risulta ricoperto da grandi placche cornee embricate. Questa specie è inoltre fornita di due paia di scaglie prefrontali e da una sola scaglia nucale. Nei maschi il piastrone è leggermente concavo.
Gli esemplari di questa specie preferiscono le acque costiere dai fondi rocciosi e corallini, oltre alle zone di estuari e di lagune ricche di rizoforacee. L'accoppiamento avviene in acque poco profonde e vicine alle spiagge dove in seguito vengono deposte le uova.
Queste (in numero da 50 a 200) sono sferiche e misurano circa 38 mm di diametro; la schiusa avviene a 8-11 settimane dalla deposizione.
Nelle zone tropicali dell'Oceano Pacifico è diffusa la sottospecie *Eretmochelys i. bissa*.

Lepidochelys kempii (tartaruga bastarda)

È propria delle acque costiere, tiepide e poco profonde, e solo raramente raggiunge il Mediterraneo. Il carapace, che raggiunge una lunghezza massima di 75 cm, possiede una notevole carena dorsale e cinque placche costali. Le tartarughe bastarde sono inoltre fornite di due paia di scaglie prefrontali.
Un tempo si potevano osservare gruppi di addirittura 40.000 esemplari in prossimità delle spiagge in cui vengono deposte le uova, ma attualmente il loro numero è sceso considerevolmente a causa della raccolta delle uova e dell'uccisione di adulti a scopo alimentare.
A differenza di altre tartarughe marine, questa specie è caratterizzata dall'abitudine di deporre le uova di giorno e in gruppo, con il risultato che si presentano con una certa frequenza i casi di femmine che rompono le uova di altre.
Una specie simile a questa, la *Lepidochelys olivacea*, vive

nelle acque del Pacifico ed è di taglia leggermente inferiore. Data la somiglianza fra le due, alcuni autori considerano quest'ultima semplicemente una sottospecie della prima. Entrambe sono essenzialmente carnivore e divorano ogni tipo di pesci, molluschi e crostacei.
La deposizione delle uova, che arrivano fino a un numero di 110 e sono sferiche (38 mm di diametro) avviene tra aprile e luglio. Appena nati i piccoli sono facile preda di granchi, uccelli e pesci.

FAMIGLIA DERMOCHELYDAE

Comprende un solo genere con una sola specie: la *Dermochelys coriacea.*

Dermochelys coriacea (dermochelide coriacea o tartaruga-liuto)

La maggior parte delle tartarughe attualmente esistenti appartiene a questa specie, le cui dimensioni non differiscono molto dagli esemplari vissuti nella preistoria. Tra tutte le tartarughe marine questa è la più specializzata e le sue caratteristiche anatomiche la differenziano notevolmente dalle altre.
La corazza è formata da un'infinità di piccole placche ossee inserite nella pelle, che non sono ricoperte da placche cornee, bensì da una pelle morbida e al tatto simile al cuoio. Il carapace, ossificato solo nella parte superiore, è percorso da cinque o sette creste. I maschi hanno la coda più lunga delle estremità posteriori e il piastrone leggermente concavo.
Nonostante la grossa mole (fino ai 230 cm di lunghezza e ai 727 kg di peso) la sopravvivenza di questi animali sem-

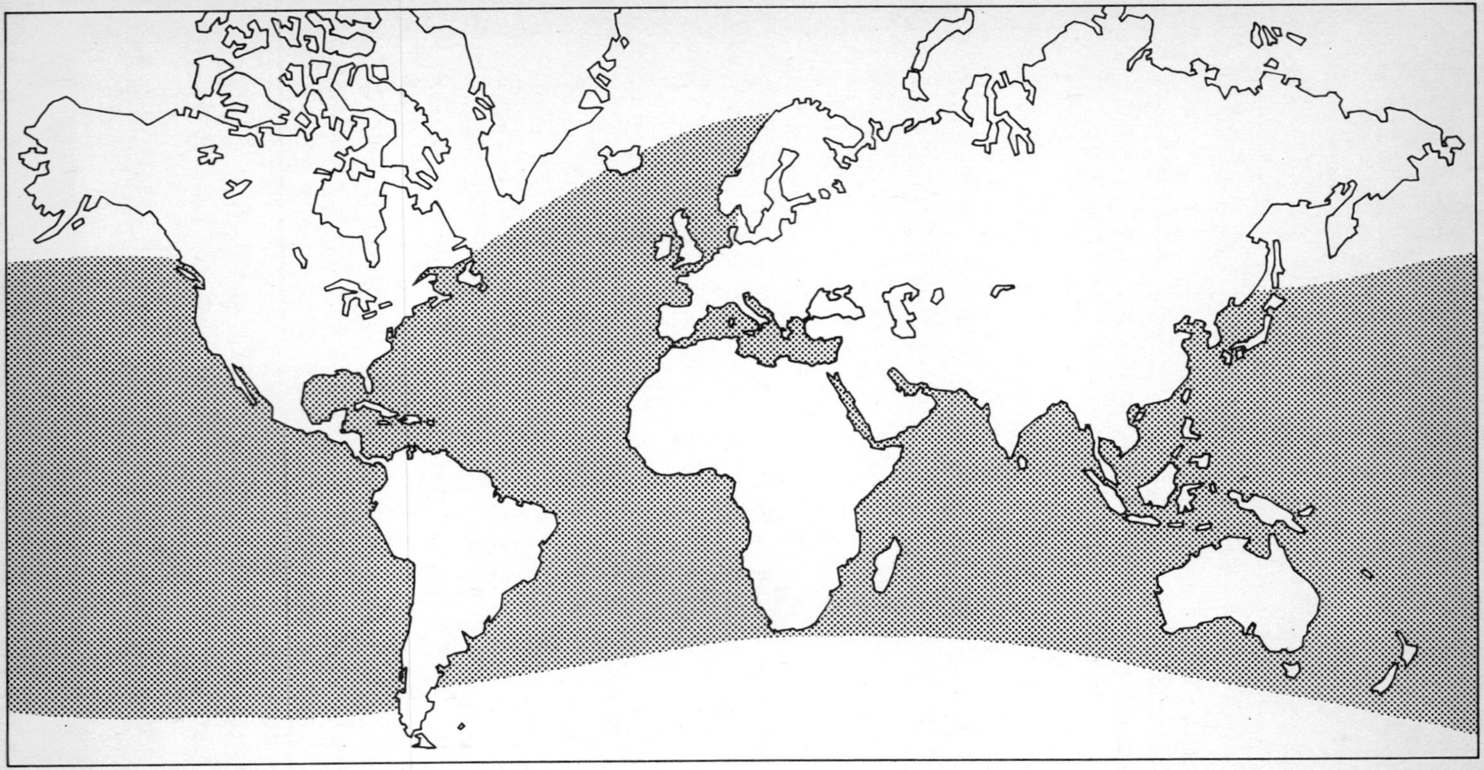

Distribuzione geografica della famiglia Dermochelydae

bra non essere tanto problematica quanto quella delle altre specie: il motivo di ciò è da ricercare nel fatto che la loro corazza non può essere utilizzata per alcuno scopo e che le loro carni non risultano molto saporite.
La dermochelide coriacea è una formidabile nuotatrice, dalle abitudini essenzialmente pelagiche, per cui si trova a proprio agio in tutti gli oceani. Pur concentrandosi soprattutto nei mari compresi tra i 15° N e i 15° S, questa specie è stata più volte avvistata in zone quali Terranova o la Columbia Britannica (Canada). In genere gli esemplari che vi appartengono nuotano in gruppo: nel 1956 fu osservato un branco di oltre 100 esemplari che si nutriva di meduse al largo delle coste del Texas.
Il loro alimento di base è costituito appunto da meduse, calamari, pesci, crostacei e masse galleggianti di alghe. L'esofago di questa specie è internamente rivestito di diverse spine carnose che facilitano l'ingestione delle meduse, preda per la quale dimostrano una spiccata preferenza. Un'altra caratteristica particolare della dermochelide coriacea è rappresentata dal fatto che, non essendo dotata di corazza rigida, le sue vertebre e le sue costole non sono saldate al carapace come nelle altre specie.
La deposizione delle uova (in numero da 50 a 170 e con un diametro tra i 51 e i 63 mm) ha luogo da aprile a novembre, mentre la schiusa avviene dopo circa dieci settimane. La profondità del nido risulta in genere uguale alla lunghezza delle estremità anteriori (un metro circa). Nonostante la deposizione delle uova di questi veri e propri colossi sia stata osservata con frequenza in luoghi tanto diversi e lontani quali la Florida, la Liberia, la Giamaica, l'Australia e la Guiana, si sa molto poco sul loro comportamento e praticamente nulla sulla loro longevità.
Nel Pacifico è diffusa una sottospecie denominata *Dermochelys coriacea schlegelii*.

TARTARUGHE MARINE IN CATTIVITÀ

A volte tra le importazioni di pesci tropicali marini provenienti dal Sudest asiatico giungono a noi alcuni esemplari molto giovani di diverse specie di tartarughe marine (principalmente la *Eretmochelys imbricata*), che finiscono inevitabilmente per morire nell'acquario di qualche appassionato, dal momento che risulta impossibile somministrare loro una dieta comprendente esclusivamente meduse e tunicati pelagici, ossia gli alimenti di cui hanno bisogno per sopravvivere.

Sebbene tutte le specie, a eccezione della *Dermochelys coriacea*, siano in grado di vivere per moltissimi anni nei grandi acquari dei giardini zoologici, la possibilità di mantenere in vita questi animali non è assolutamente alla portata dei semplici appassionati.

Analogamente a quanto accade nel caso della maggior parte dei pesci pelagici, la dermochelide coriacea, per le sue dimensioni, per la velocità e per l'aggressività, non può invece adattarsi alla vita in cattività: tutti i tentativi si concludono con la morte dell'animale nell'arco di poche settimane.

LE TARTARUGHE D'ACQUA DOLCE

ADATTAMENTO ALLA VITA ANFIBIA

Sotto la definizione di "tartarughe d'acqua dolce" vengono raggruppate quelle famiglie che si sono adattate alla vita in acqua dolce e le cui caratteristiche anfibie differiscono notevolmente da quelle delle tartarughe marine.
Le tartarughe d'acqua dolce non trascorrono la propria vita interamente in acqua, ma conducono un'esistenza prettamente anfibia, rimanendo diverse ore a prendere il sole sulle rive o aggrappate a un tronco o a masse di vegetazione galleggiante. Le uova vengono deposte a terra, mentre il cibo di cui si nutrono proviene da entrambi gli elementi, ma principalmente dall'acqua.
Nonostante lo sfruttamento delle tartarughe d'acqua dolce sia poco redditizio dal punto di vista economico, la loro diffusione si è notevolmente ridotta a causa dell'inquinamento dell'ambiente in cui vivono, soprattutto nel caso di regioni altamente industrializzate quali l'Europa e l'America settentrionale.
Le tartarughe d'acqua dolce non sono buone nuotatrici quanto quelle marine e, se si esclude la *Carettochelys insculpta*, non presentano la trasformazione delle estremità in pinne. Le dita, generalmente fornite di robuste unghie, sono unite da una membrana che facilita il nuoto.

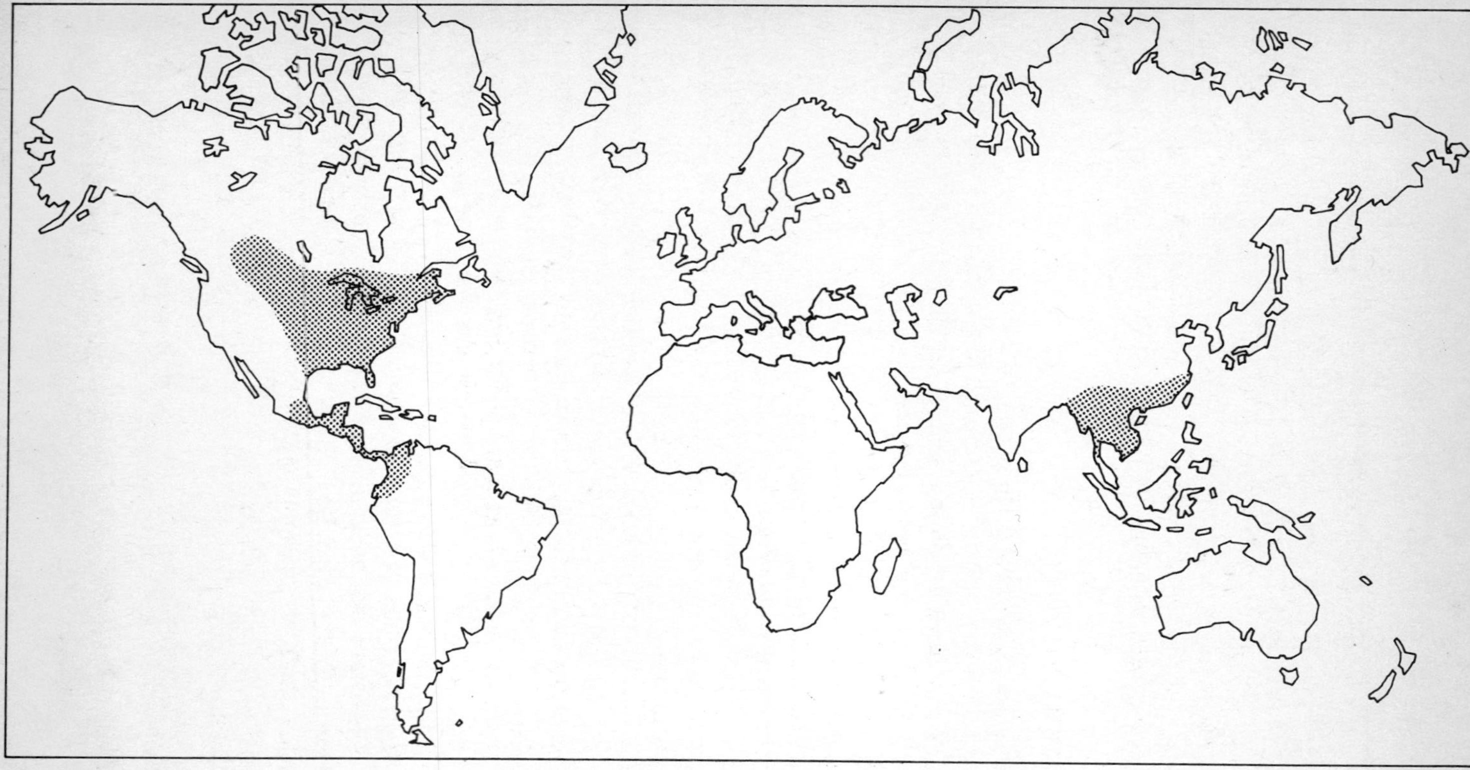

Distribuzione geografica della famiglia Chelydridae

FAMIGLIA CHELYDRIDAE

La piccola famiglia dei chelidridi comprende unicamente i generi *Chelydra*, *Macroclemmys* e *Platysternon*. Tutti questi sono caratterizzati da una corazza (in particolare il piastrone) relativamente piccola. La coda è invece lunga e la testa è grossa e dotata di potenti mandibole.

Genere *Chelydra*

Chelydra serpentina (tartaruga azzannatrice)
La *Chelydra serpentina*, di cui esistono quattro sottospecie, è largamente diffusa nel continente americano, dal Canada meridionale alla Colombia. Preferisce i laghi e i pantani, rimanendo in acqua durante il giorno e uscendo a volte di notte sulla terraferma.
Può raggiungere al massimo 50 cm di lunghezza e 20 kg di peso, andando in letargo o meno a seconda delle regioni. Tutte le tartarughe di questa famiglia sanno nuotare abbastanza bene, tuttavia preferiscono spostarsi camminando sul fondo.
La *Chelydra serpentina* è molto vorace e nella sua frenetica attività di cacciatrice si nutre di qualsiasi tipo di animale, compresi i pesci, gli uccelli e addirittura alcuni piccoli mammiferi.
L'accoppiamento avviene in genere tra aprile e novembre, ma con maggiore frequenza in giugno. La femmina depone fino a 83 uova sferiche, di 25-33 mm di diametro, sotterrandole a una profondità massima di 18 cm. La schiusa avviene, a seconda della temperatura dell'ambiente, dopo un periodo che va dalle 9 alle 18 settimane. Nelle regioni fredde i piccoli possono anche entrare in letargo appena nati, nel nido stesso, senza uscire fino alla primavera successiva.

Esemplare molto giovane di Chelydra serpentina

Le femmine possono conservare lo sperma del maschio anche per diversi anni, deponendo così uova fecondate anche senza la necessità di nuovi accoppiamenti.

Genere *Macroclemmys*

Macroclemmys temminckii (tartaruga alligatore)
Con una lunghezza massima di oltre 66 cm e un peso a volte superiore ai 100 kg, la *Macroclemmys temminckii* è senza dubbio la più grande tra le tartarughe d'acqua dolce.

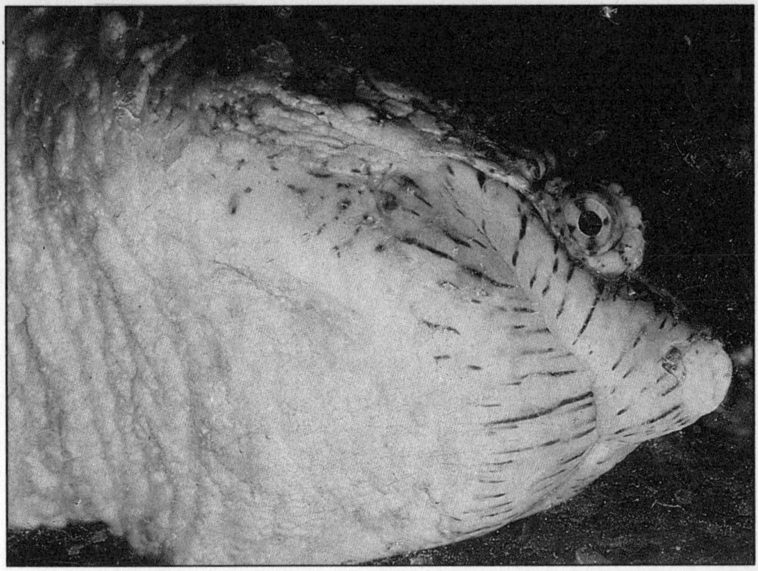

Testa di chelydra serpentina in un acquario

Si tratta di una specie propria della fascia sudorientale degli Stati Uniti, che vive prevalentemente nei fiumi lenti e profondi, nei laghi, nei pantani e talvolta anche nelle acque salmastre degli estuari. Il carapace è di colore marrone-grigiastro, seghettato e dotato di tre carene molto pronunciate. La coda è molto lunga e la testa è robusta e massiccia.

A differenza della *Chelydra serpentina*, la *Macroclemmys* è una cacciatrice "passiva", in quanto rimane immobile sui fondali con la bocca aperta, attirando i pesci verso di sé mediante un'appendice a forma di vermicello.

L'accoppiamento ha luogo tra febbraio e aprile e le uova, deposte in numero da 10 a 52, sono sferiche, con un diametro di 38 mm.

Sia la *Chelydra* che la *Macroclemmys* possono manifestare

un comportamento estremamente irascibile e mordere con grande forza. Per maneggiare esemplari di grosse dimensioni e potenzialmente pericolosi è consigliabile afferrarli con una mano per la coda e con l'altra per la placca nucale del carapace.

Genere *Platysternon*

Platysternon megacephalum (platisterno dalla testa grande)
L'unico rappresentante della famiglia è asiatico e si trova distribuito tra Tailandia, Birmania e Cina meridionale. Le sue abitudini sono piuttosto sconosciute.
La testa è talmente grossa da non poter essere ritratta nella corazza, ma è ricoperta da uno scudo che, quando si trova nella posizione di massima ritrazione, forma un cono con il resto della corazza.
Il platisterno vive principalmente nei fiumi e nei ruscelli, ma esce anche con una certa frequenza sulla terraferma (alcuni esemplari sono stati addirittura visti arrampicarsi sugli alberi). Queste tartarughe, di cui esistono tre sottospecie, sono esclusivamente carnivore e depongono solo due uova per volta.

FAMIGLIA KINOSTERNIDAE

Le 23 specie che, raggruppate nei generi *Kinosternon*, *Sternotherus*, *Staurotypus* e *Claudius*, compongono la famiglia dei kinosternidi sono largamente diffuse nel continente americano.
La caratteristica principale di questa famiglia è rappresentata dal carapace di forma ovale, con undici placche marginali per ciascun lato invece delle abituali dieci.

Esemplare adulto di Cuora galbinifrons

Esemplari giovani di Geochelone chilensis

Esemplari giovani di Heosemys spinosa (da adulti perdono le punte del carapace)

Esemplare adulto di Cuora amboinensis

Esemplari di Geochelone pardalis

Esemplari di Geochelone carbonaria

La coda dei maschi è più lunga di quella delle femmine e termina con una specie di unghia cornea. Tutti i kinosternidi possiedono due ghiandole del muschio, in grado di produrre secrezioni di odore molto intenso e sgradevole. Nonostante a volte sia possibile osservarle fuor d'acqua, in genere si tratta di tartarughe prevalentemente acquatiche, che sono anche ottime nuotatrici. Spesso amano trascorrere intere ore prendendo il sole mentre galleggiano in superficie.

Genere *Kinosternon*

Kinosternon subrubrum (tartaruga del fango comune)
Gli esemplari di questa specie (probabilmente la più conosciuta del genere) possono raggiungere una lunghezza massima di 12,5 cm. Il carapace è di colore olivastro o marrone, senza disegni né carene.
La maturità sessuale viene raggiunta all'età di 5-7 anni. Le uova, deposte in genere durante il mese di giugno in numero da 1 a 6, sono dure, di forma ellittica, lunghe circa 25 mm e di una sfumatura rosata o azzurrognola. Gli esemplari che vivono nelle zone più calde possono deporre le proprie uova anche più volte all'anno, approfittando a volte dei nidi degli alligatori.
Questa specie è diffusa nella zona meridionale degli Stati Uniti; la sottospecie *Kinosternon s. steindachneri* si concentra soprattutto in Florida, mentre la *Kinosternon s. hippocrepis* è frequente nel Mississippi. Alcuni gruppi popolano le acque stagionali, spostandosi quando queste prosciugano.

Kinosternon baurii
È la specie più "terrestre" del genere e si trova esclusivamente in Florida. Può raggiungere una lunghezza massima

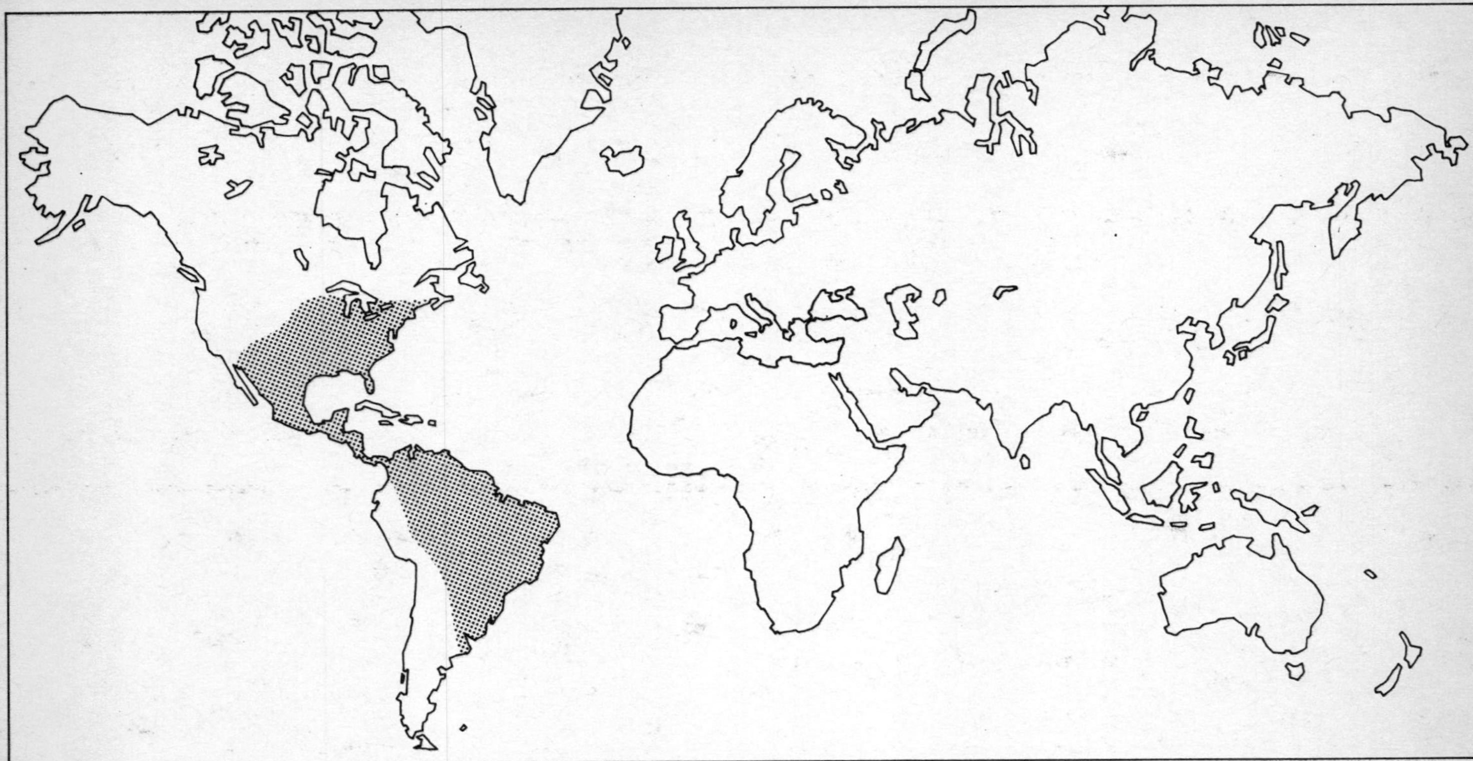

Distribuzione geografica della famiglia Kinosternidae

di 12 cm e il suo scudo ha la caratteristica di essere percorso da tre strisce longitudinali.
La sua alimentazione di base è costituita da insetti, molluschi, pesci, alghe ecc. Ne esistono due sottospecie.

Kinosternon flavescens
La sua lunghezza massima è di 16,5 cm e la caratteristica principale è costituita dalla mandibola e dal collo, che sono di colore giallo o bianco. Il piastrone nei maschi risulta leggermente concavo. Vive nelle acque stagnanti, o dal corso molto lento, degli Stati Uniti sudoccidentali, preferendo i fondali fangosi o sabbiosi. Nello stato dell'Illinois si trova la sottospecie *Kinosternon f. spooneri* e nell'Arizona la *Kinosternon f. aizonense*. La *Kinosternon hirtipes* e la *Kinosternon sonoriense* sono specie proprie del sud degli Stati Uniti e del Messico settentrionale.
L'alimentazione di tutte queste specie è costituita principalmente da vermi, artropodi, molluschi e girini.

Kinosternon scorpioides
Questa piccola tartaruga acquatica, che misura soltanto 15 cm di lunghezza, ha un'enorme area di diffusione: dal Messico all'Argentina nordorientale. Il carapace, di colore verde-giallastro con macchie brune, è molto caratteristico per le tre creste longitudinali che corrono lungo la zona vertebrale. Nei maschi il piastrone è leggermente concavo e può ripiegare i lobuli anteriore e posteriore sui cardini. Si tratta di una specie vivace e relativamente aggressiva, che può riprodursi facilmente in cattività. I maschi, oltre all'unghia caudale, possiedono anche un paio di placche cornee nella parte inferiore della coscia, che utilizzano quando si rende necessario immobilizzare la femmina durante l'accoppiamento. Le sottospecie esistenti sono sei.

Genere *Sternotherus*

Sternotherus odoratus (tartaruga muschiata)
Questa piccola tartaruga (misura solo 13 cm di lunghezza) è diffusissima in tutta la metà orientale degli Stati Uniti. Nidifica, a seconda della latitudine, da febbraio a giugno e le uova deposte, in numero da 1 a 9, sono ellittiche e misurano 28 mm. I piccoli presentano sul carapace carene e disegni irregolari, ma entrambe queste caratteristiche scompaiono con il raggiungimento dell'età adulta. La coda nelle femmine è molto corta e termina con una punta cornea.
Questa specie esce sulla terraferma solo raramente, preferendo le acque stagnanti o molto lente e con i fondali fangosi.
Altre specie simili, anch'esse tipiche dell'America settentrionale, sono la *Sternotherus carinatus*, la *Sternotherus depressus* e la *Sternotherus minor*. Tutte sono in grado di secernere sostanze maleodoranti quando vengono eccitate e, nonostante le dimensioni ridotte, non esitano a mordere nel caso in cui se ne dia loro l'opportunità. Sono onnivore, ma preferiscono nutrirsi di pesci, girini e molluschi.
Gli altri due generi appartenenti alla famiglia dei kinosternidi sono lo *Staurotypus* e il *Claudius*: entrambi vivono nelle zone meridionali del Messico e nell'America Centrale fino all'Honduras. Il loro piastrone è dotato di un endopiastrone ed è privo di cerniera. L'aspetto generale è simile a quello della tartaruga azzannatrice.

Genere *Staurotypus*

Comprende la specie *Staurotypus salvinii* e *Staurotypus triporcatus*, che vivono nel Guatemala, nel Salvador e nel Messico meridionale.

Genere *Claudius*

Esiste un'unica specie, denominata *Claudius angustatus*, originaria del Messico e del Guatemala. È molto difficile da tenere in cattività e, particolare non trascurabile, morde con violenza.

FAMIGLIA DERMATEMYDIDAE

Questa famiglia, dall'aspetto apparentemente primitivo, è monotipica in quanto comprende un'unica specie, chiamata *Dermatemys mawii* o testuggine d'acqua dolce.
La corazza di questa tartaruga è molto compressa e il piastrone è collegato al carapace da un ponte mobile. La placca è provvista di una protuberanza cornea che si estende sotto le placche marginali.
La genealogia della *Dermatemys mawii* risale a forme estinte del vecchio continente e dell'America settentrionale. Si tratta di animali acquatici, che sulla terraferma si muovono a fatica e in modo molto impacciato.
Queste tartarughe approfittano dello straripamento dei fiumi per inoltrarsi nei ruscelli stagionali e deporre una ventina di uova in una buca scavata tra la fanghiglia e la vegetazione riparia.
Gli esemplari di questa specie vivono nei fiumi abbondanti della fascia che va dal sud del Messico fino all'Honduras e il Guatemala, avendo come soli nemici l'uomo e le nutrie. Dal momento che raggiungono infatti i 60 cm di lunghezza e che le loro carni sono considerate gustose, non è difficile trovarle nei mercati locali. Nonostante le dimensioni e la larga diffusione, sono ancora molti i particolari sconosciuti a proposito della vita e delle abitudini di questi interessanti animali.

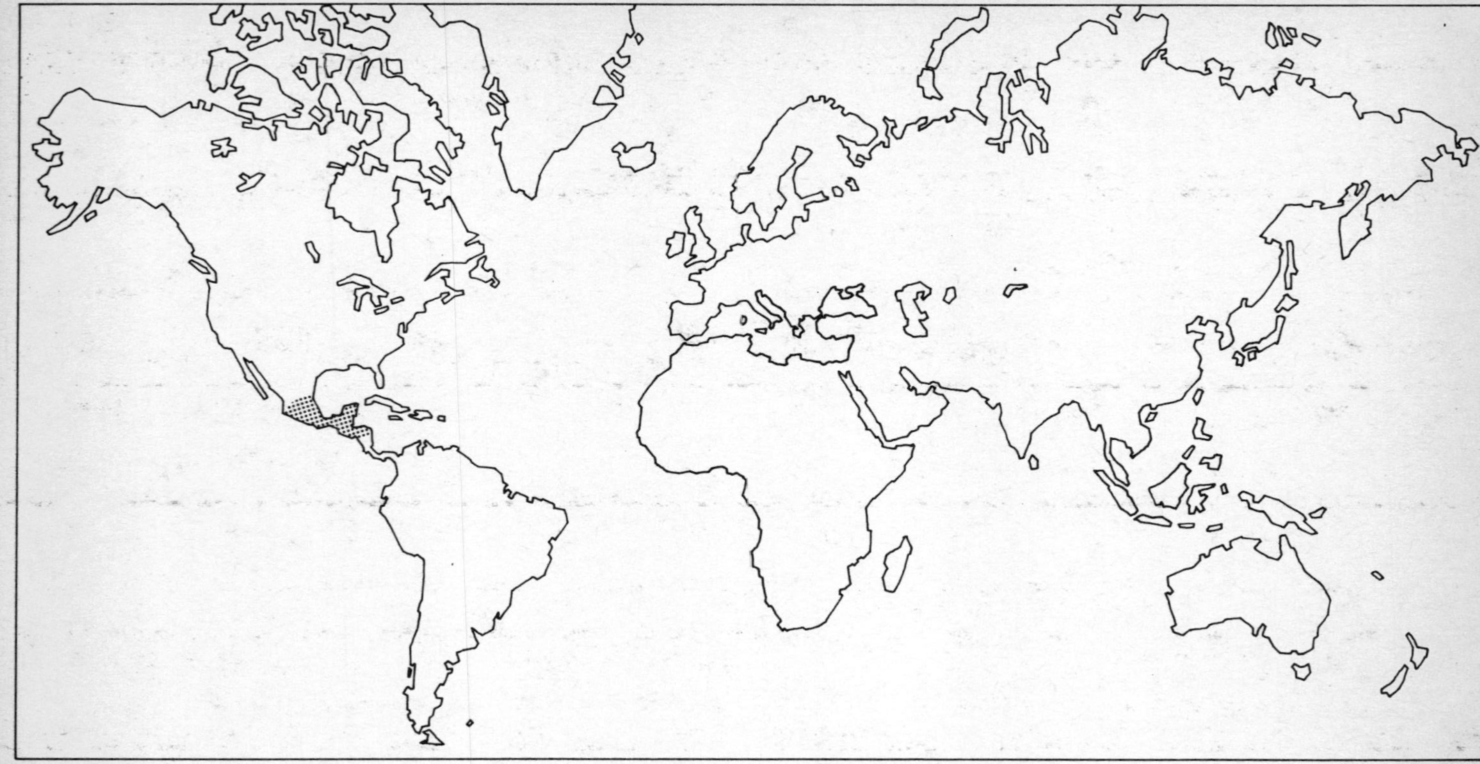

Distribuzione geografica della famiglia Dermatemydidae

FAMIGLIA EMYDIDAE

Gli emididi rappresentano la famiglia più estesa e varia di tutte le tartarughe attualmente esistenti, comprendendo un totale di 30 generi e 82 specie. La grande maggioranza di queste tartarughe vive nell'emisfero settentrionale, concentrata soprattutto nella fascia orientale dell'America settentrionale e nel Sudest asiatico. Vi sono alcune specie che vivono anche nell'America del Sud e una in particolare (la *Chrysemys scripta dorbignyi*) si spinge fino a regioni dell'Argentina situate al di sotto del Tropico del Capricorno. Altre specie sono infine proprie dell'Europa, del Medio Oriente e dell'Africa settentrionale.
Gli emididi sono nella loro grande maggioranza tartarughe acquatiche, anche se ve ne sono alcune (per esempio la *Terrapene*) dalle abitudini terrestri. Queste ultime verranno descritte dettagliatamente nella sezione dedicata alle tartarughe terrestri. Secondo la revisione di Samuel Mc Dowell la famiglia *Emydidae* si divide nelle sottofamiglie *Emydinae* e *Batagurinae*.

Sottofamiglia Emydinae

Comprende tutti gli emididi del Nuovo Mondo a eccezione del *Rhinoclemys* e del genere *Emys*.

Genere *Emys*

Comprende una sola specie: l'*Emys orbicularis*. È relativamente comune nell'Europa meridionale, nell'Africa nordoccidentale e nel Medioriente.
Il carapace raggiunge una lunghezza massima di 30 cm e, come il piastrone, è punteggiato da linee e macchioline giallastre su fondo scuro.

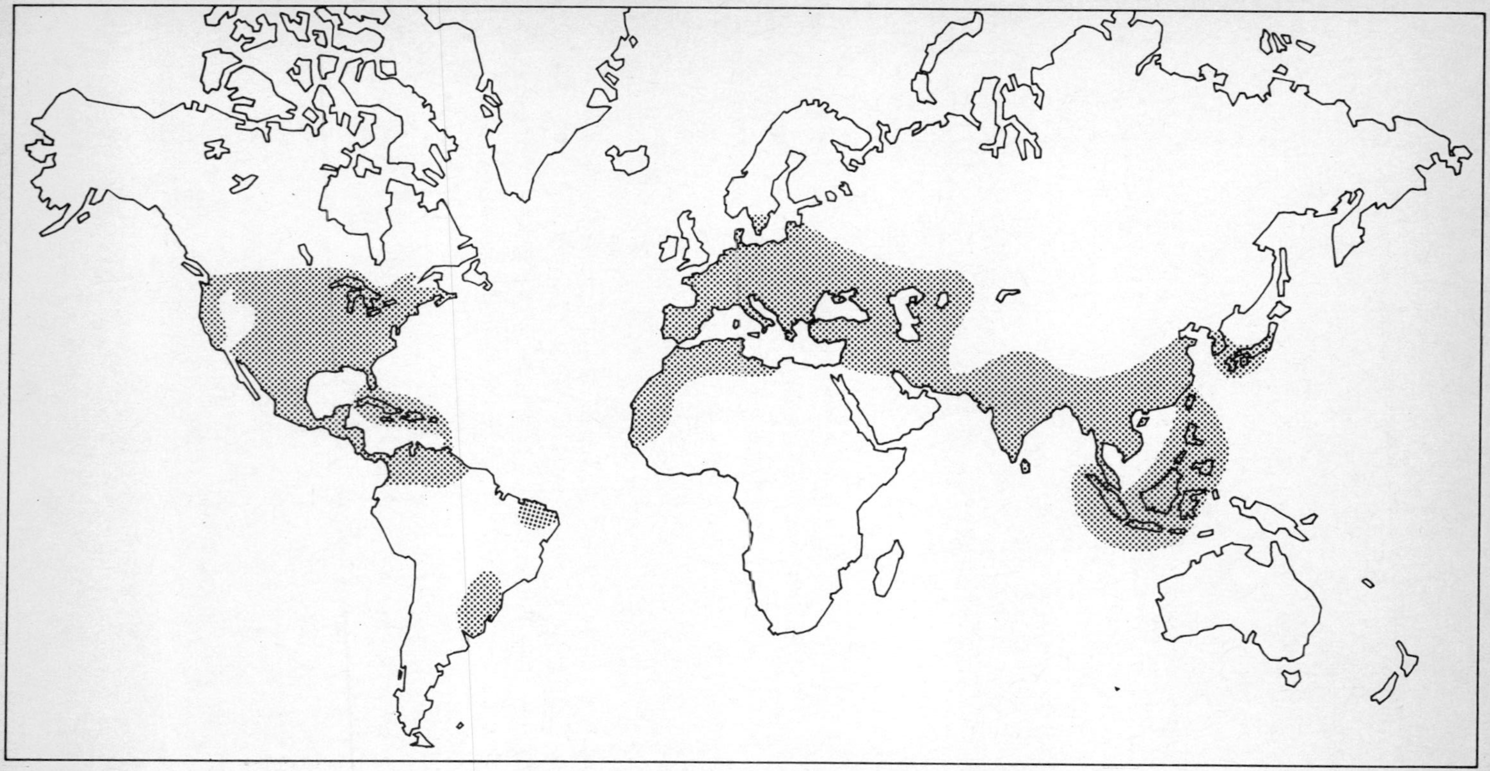

Distribuzione geografica della famiglia Emydidae

Gli esemplari che vivono nelle zone più settentrionali rimangono in letargo da ottobre a marzo, mentre gli altri restano attivi durante tutto l'anno.

Emys orbicularis (tartaruga palustre europea)
Si tratta di una tartaruga dalle abitudini diurne, che ama molto rimanere a prendere il sole sulle rive o aggrappata alla vegetazione galleggiante. Il suo alimento è costituito principalmente da piccoli animali, tra cui pesci, artropodi e a volte anche pulcini di diversi uccelli.
Il periodo della riproduzione va da marzo a maggio e l'accoppiamento avviene in immersione. Le uova, in numero da 4 a 16, vengono deposte nel mese di giugno e si schiudono dopo circa tre mesi. Se l'estate non è sufficientemente calda la riproduzione può anche non avvenire, come è stato più volte osservato in Svezia e in Polonia. È dunque un'evenienza abbastanza frequente.

Genere *Chrysemys (Pseudemys)*

Questo genere non è solo il più vasto, esteso e complesso di tutti gli emididi, ma comprende anche la specie più diffusa tra i proprietari di tartarughe: la *Chrysemys scripta* o tartaruga dalle orecchie rosse.
Tutte le *Chrysemys* sono tartarughe acquatiche, onnivore o erbivore, con striature sulla testa e sul collo che possono scomparire negli esemplari più anziani. I maschi, solitamente più corpulenti delle femmine, possono avere le unghie molto sviluppate per poterle utilizzare durante il corteggiamento e la danza nuziale.

Chrysemys alabamensis
Raggiunge i 33,5 cm ed è caratterizzata dalla tonalità rossiccia del piastrone. Negli esemplari più giovani il carapa-

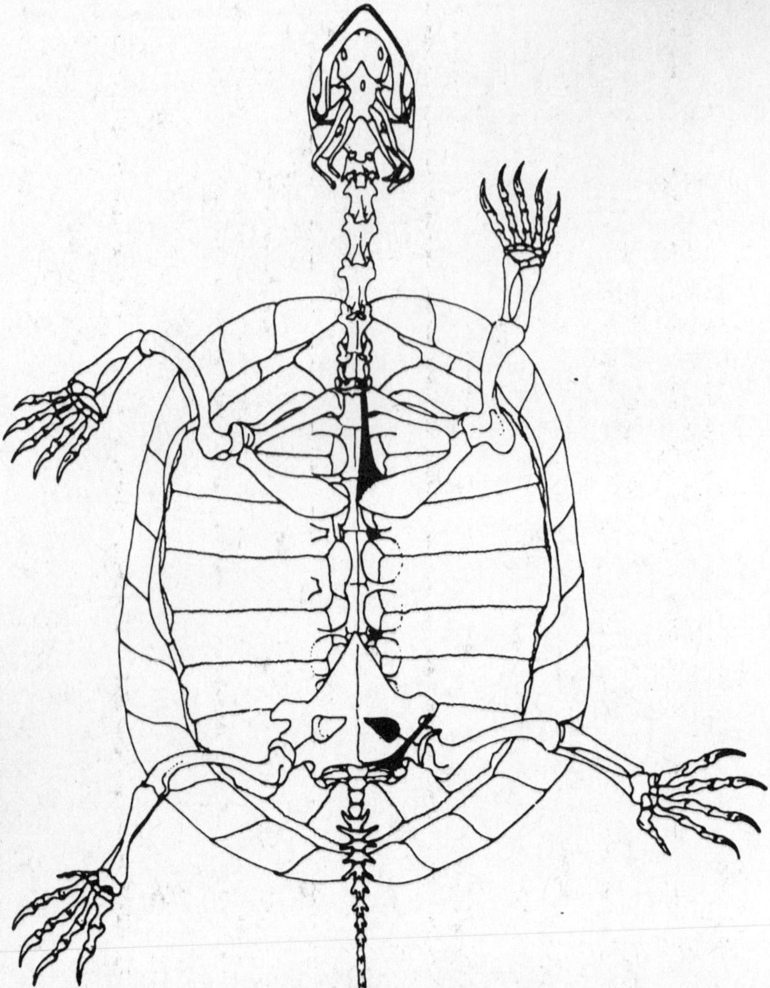

Scheletro di Emys orbicularis, senza piastrone (Secondo Pritchard e Bojanus)

ce può presentare disegni molto complicati. Vive negli Stati Uniti, nella regione meridionale dello stato dell'Alabama.

Chrysemys concinna
Misura fino a 42 cm di lunghezza. Il carapace è di colore marrone con disegni giallastri, mentre il piastrone è giallo con disegni marroni. Si tratta di una specie propria delle regioni sudorientali degli Stati Uniti; si conoscono cinque sottospecie.

Chrysemys decorata
Questa specie, propria di Haiti e Santo Domingo, può essere considerata analoga alla *Chrysemys stejnegeri vicina*. Il piastrone, molto caratteristico, è di colore giallastro con disegni irregolari di forma tondeggiante.

Chrysemys decussata
Comprende cinque sottospecie, tutte originarie di Cuba, paese nel quale sono conosciute con il nome di "jicotea". La specie è caratterizzata dal carapace leggermente bombato e fornito di carena vertebrale. La pelle è di colore verdastro con macchie bianche o gialle; dietro all'occhio è presente una macchia allungata di colore rosaceo.

Chrysemys felis
Vive esclusivamente in prossimità della Tea Bay di Cat Island, nell'arcipelago delle Bahamas. Probabilmente si tratta semplicemente di un gruppo della specie *Chrysemys terrapen*, qui introdotta.

Chrysemys floridana (tartaruga di fiume)
Raggiunge i 40 cm di lunghezza e il suo piastrone è giallo senza disegni. Si tratta di una specie gregaria, che spesso

si unisce a gruppi di tartarughe di altre specie. Vive nelle pianure della costa atlantica degli Stati Uniti e in alcune aree del Mississippi, del Kansas e del Texas.

Chrysemys granti
Si tratta di una specie esclusiva dell'isola di Gran Cayman, nei Caraibi. Il suo carapace può essere leggermente rugoso; negli esemplari adulti scompaiono i disegni che caratterizzano la livrea giovanile.

Chrysemys malonei
Vive nelle isole Bahamas, soprattutto negli stagni dell'isola Great Inagua. Il carapace delle femmine adulte può diventare molto voluminoso e bombato, mentre nei maschi è nero e rugoso.

Chrysemys nelsoni
Vive esclusivamente nello stato americano della Florida, raggiungendo la lunghezza massima di 34 cm. Il carapace è scuro, molto arcuato e con le placche vertebrali convesse. Il piastrone è invece di colore rossiccio. Gli adulti preferiscono una dieta a base di piante acquatiche.

Chrysemys picta (tartaruga pitturata)
È diffusa in un'area molto vasta, che va dalla Columbia Britannica (Canada) fino alla fascia centrale e orientale degli Stati Uniti. Esistono in totale quattro sottospecie. Il carapace è di colore verde scuro, con disegni rossicci sulle placche marginali, mentre il piastrone è giallo.

Chrysemys rubriventris
È riconoscibile per il carapace scuro con macchie rossicce sparse sulle placche costali e marginali. Vive nei laghi e negli stagni profondi della zona nordorientale degli Stati Uniti; essendo molto timida è difficile da osservare.

Chrysemys scripta (pseudemide scritta o tartaruga dalle orecchie rosse)

Originaria delle regioni sudorientali degli Stati Uniti, viene allevata su grande scala per l'esportazione in tutto il mondo. Sfortunatamente dei milioni di tartarughine esportate solo poche finiscono nelle mani di persone capaci di mantenerle in vita fino al raggiungimento dell'età adulta: la maggior parte di esse muore infatti nelle mani dei bambini che le considerano alla stessa stregua dei giocattoli.

La colorazione verde degli esemplari giovani si scurisce notevolmente con l'età, assumendo una tonalità nera che cancella tutti i disegni e che può rendere difficile l'indentificazione e la classificazione.

L'accoppiamento ha luogo nel periodo che va da marzo a giugno, mentre le uova, di forma ovale e lunghe 37 mm, vengono deposte in numero da 4 a 23 fra giugno e luglio. La schiusa avviene dopo oltre due mesi di incubazione.

Esemplare adulto di Chrysemys scripta.

Nelle regioni più fredde i piccoli possono entrare in letargo quando sono ancora nel nido. I maschi raggiungono la maturità sessuale all'età di 2-5 anni, arrivando a misurare anche 30 cm di lunghezza. Si conoscono tredici sottospecie.

Chrysemys stejnegerii
È tipica di Portorico ed è caratterizzata dal carapace di colore rossastro.

Chrysemys terrapen
Vive nell'isola di Giamaica e si differenzia dalla specie cubana per la dentellatura del bordo delle placche marginali posteriori.

Genere *Clemmys*

Queste tartarughe conducono una vita meno acquatica rispetto alle specie elencate precedentemente, ma amano ugualmente frequentare le regioni palustri e occasionalmente inondate.

Clemmys guttata (tartaruga macchiata)
Questa piccola tartaruga, dall'aspetto inconfondibile con il suo carapace nero punteggiato di macchie gialle e lungo al massimo 13 cm, vive nella fascia orientale degli Stati Uniti. In genere trascorre il periodo del letargo sotto il fango o nell'acqua.

Clemmys insculpta (tartaruga scolpita)
Vive nel Canada meridionale, nella fascia nordorientale degli Stati Uniti e nella regione dei Grandi Laghi. Si tratta di una specie essenzialmente terrestre, che però si trasferisce nell'acqua durante il letargo e nell'epoca dell'accoppiamento. In cattività è riuscita a vivere fino all'età di 58 anni.

Clemmys marmorata
Vive lungo le coste statunitensi del Pacifico e comprende due sottospecie. Il suo aspetto è molto simile a quello della *Emys orbicularis*.

Clemmys muhlenbergii (tartaruga di Muhlenberg)
Con la sua lunghezza massima di 11 cm è probabilmente la tartaruga più piccola del mondo. Vive nei pascoli e nelle pianure paludose degli Stati Uniti nordorientali, dimostrando una spiccata preferenza per le praterie allagate. La maturità sessuale viene raggiunta verso i 5-7 anni e le uova (che sono generalmente 3 o 4, morbide, hanno forma ellittica e sono lunghe circa 29 mm) vengono deposte nel mese di giugno.

Genere *Deirochelys*

Comprende una sola specie, la *Deirochelys reticularia*, con tre sottospecie. Raggiunge una lunghezza massima di 25 cm e viene facilmente riconosciuta per il collo straordinariamente lungo e per il carapace dal disegno reticolato. I maschi sono più piccoli delle femmine, ma sono dotati di una coda più grossa. Vivono nella zona sudorientale degli Stati Uniti e nella Florida, deponendo le proprie uova in qualsiasi periodo dell'anno.

Genere *Emydoidea*

L'unica tartaruga appartenente a questo genere, l'*Emydoidea blandingii*, veniva anticamente classificata nel genere *Emys*. Si tratta di una tartaruga semiacquatica che vive nel continente nordamericano, nella regione dei Grandi Laghi. A causa dell'uomo si può considerare purtroppo in via di estinzione.

Genere *Graptemys* (tartarughe geografiche o con il dorso a sega)

Molto simile al *Chrysemys*, il genere *Graptemys* comprende tartarughe dalle abitudini prevalentemente acquatiche, diffuse soprattutto nella metà orientale degli Stati Uniti. Alcune specie vengono importate accidentalmente mescolate ai piccoli di *Chrysemys scripta*.
Le *Graptemys* possono essere facilmente identificate grazie alle placche vertebrali con protuberanze, che danno al carapace un aspetto seghettato. Quest'ultimo, analogamente a quanto accade per il piastrone, presenta in genere disegni piuttosto complicati. Tutte le specie di questo genere depongono le uova (raramente in numero superiore alla dozzina) da maggio a luglio. Vediamo ora le caratteristiche distintive di ciascuna specie.

Graptemys barbourii
I maschi raggiungono una lunghezza massima di 13 cm, mentre le femmine possono arrivare a misurare anche 33 cm. Il carapace è di colore marrone oppure olivastro, con alcune proiezioni sottili e di colore nero sulla carena vertebrale. Le placche costali e marginali presentano disegni di forma e di colore giallo. Questa specie si trova attualmente in serio pericolo di estinzione.

Graptemys cagleii
Gli esemplari di sesso maschile misurano circa 9 cm, mentre le femmine raggiungono i 16,5 cm. Il carapace è di colore verdastro, con le protuberanze della carena marroni o nere. I maschi adulti presentano in genere alcune macchie nere sul piastrone. La descrizione della specie è piuttosto recente, per cui è ancora molto poco ciò che si conosce di essa.

Graptemys flavimaculata
I maschi misurano al massimo 10 cm di lunghezza, mentre le femmine possono raggiungere i 17,5 cm. Il carapace è di colore olivastro o marrone, con le protuberanze della carena più scure. Le placche sono grosse, con una macchia centrale di colore giallo. Gli esemplari di questa specie si nutrono preferentemente di insetti e molluschi.

Graptemys geographica (tartaruga carta geografica)
Si tratta probabilmente della specie più abbondante e conosciuta del genere. I maschi arrivano a misurare 16 cm di lunghezza e le femmine 27,5. Il carapace è di colore verdastro, con un disegno reticolato fatto di sottili linee arancioni. Dietro l'occhio presenta una macchia gialla di forma triangolare.

Graptemys kohnii (tartaruga carta geografica del Mississippi)
È molto timida e, nonostante la si trovi in commercio con una certa frequenza, non risponde bene alla cattività. Gli esemplari di sesso femminile raggiungono i 25 cm, mentre i maschi non superano i 12. Il carapace è fornito di una carena marrone e presenta disegni circolari sconnessi. Si nutre prevalentemente di molluschi e di piante acquatiche.

Graptemys nigrinoda
I maschi misurano 10 cm di lunghezza, le femmine il doppio. Il carapace è di colore bruno-verdastro con protuberanze nere sulla carena vertebrale e disegni circolari sulle placche costali e marginali. Si conoscono due sottospecie.

Graptemys oculifera
I maschi misurano 10 cm di lunghezza, mentre le femmine raggiungono i 21 cm. Si tratta di un'eccellente nuotatrice,

Piastrone di Graptemys kohnii

capace di muoversi perfettamente anche controcorrente. Il carapace è fornito di protuberanze di colore nero e le placche costali sono ornate da un cerchio di colore giallo o arancione profilato di nero. L'habitat e le abitudini di questa specie sono ancora poco conosciuti.

Graptemys pseudogeographica

Gli insediamenti di questa specie, nel passato molto diffusi nella fascia centrale degli Stati Uniti, hanno subito una considerevole decimazione a causa dell'inquinamento del loro habitat. Si tratta di una tartaruga gregaria, che si ciba preferibilmente di piante e artropodi acquatici. I maschi non superano i 15 cm di lunghezza, mentre le femmine possono raggiungere i 27 cm. Il carapace è di forma ovale, con macchie di colore giallo, anch'esse ovali; il piastrone è invece giallo e negli esemplari adulti è privo di disegni. Dietro l'occhio si nota una corta striatura di colore giallo. Esistono tre sottospecie.

Graptemys pulchra
I maschi misurano 12,5 cm di lunghezza, le femmine raggiungono anche i 30 cm. Il carapace è di colore verdastro con la carena vertebrale nera. Le placche costali sono caratterizzate da un disegno reticolato, mentre quelle marginali presentano striature o semicerchi. La *Graptemys pulchra* si ciba quasi esclusivamente di insetti acquatici.

Graptemys versa
Fu descritta per la prima volta nel 1925 e la sua vita conserva ancora oggi diversi aspetti sconosciuti. Si tratta della specie più piccola di questo genere: raggiunge infatti solo i 9 cm nel caso dei maschi e i 12,5 nelle femmine. Il carapace è di colore olivastro, con placche convesse e un disegno reticolato. Dietro l'occhio è visibile una striatura di colore giallo o arancione.

Genere *Malaclemys*

Comprende un'unica specie, la *Malaclemys terrapin* (o tartaruga a dorso di diamante), con sette sottospecie distribuite lungo tutta la costa meridionale e orientale degli Stati Uniti. Si tratta dell'unico emidide americano adattatosi alla vita in acque salmastre o salate. La taglia massima raggiunta da questa specie è di 14 cm per i maschi e di 24 per le femmine.
Il carapace, di colore bruno o grigio, è ornato da una carena vertebrale, mentre le placche presentano linee di crescita molto marcate. Il piastrone è di colore giallo o verdastro.

All'inizio del secolo era molto di moda cibarsi delle carni di questo animale, che raggiungevano prezzi altissimi. Naturalmente questo fenomeno provocò una drastica decimazione degli esemplari di questo genere. Attualmente, nonostante l'inquinamento ambientale, il loro numero è nuovamente aumentato. Le tartarughe del genere *Malaclemys* si cibano prevalentemente di molluschi e piccoli vermi.

Genere *Terrapene*

Le due specie appartenenti a questo genere verranno descritte nella sezione dedicata alle tartarughe terrestri.

SOTTOFAMIGLIA BATAGURINAE

Genere *Annamemys*

Comprende una sola specie, l'*Annamemys annamensis*, localizzata esclusivamente nelle zone di Phuc-Son e Fai-Fo, nel Vietnam. Gli esemplari che vi appartengono raggiungono una lunghezza massima di 15 cm e il loro carapace è di colore bruno-grigiastro uniforme. Essi sono inoltre dotati di polmoni molto grandi, che permettono loro di rimanere sommersi in acqua anche per lungo tempo. Non si conosce molto sulle abitudini di questa specie.

Genere *Batagur*

Batagur baska
L'unica specie di questo genere raggiunge la considerevole misura di 58 cm, con un aspetto generale che ricorda molto quello della *Dermatemys* dell'America Centrale. La si può trovare a Sumatra, nella penisola malese, in Tailandia

e in Birmania. La colorazione è marrone uniforme e diventa molto più intensa nel maschio in calore.
Ogni femmina depone dalle 50 alle 60 uova per stagione, che si schiudono dopo circa settanta giorni di incubazione. Essendo queste raccolte per uso alimentare, la specie corre il pericolo di estinzione in diverse regioni.

Genere *Callagur*

Comprende un'unica specie, la *Callagur borneoensis*, che vive nella penisola malese, nel Borneo e a Sumatra. Secondo Nelly de Rooij raggiunge la lunghezza di 75 cm, per cui risulterebbe la più grossa degli emididi.
Si differenzia dalla *Batagur* per il fatto di essere dotata di unghie nelle estremità anteriori. Negli esemplari giovani la pelle e il carapace sono di colore grigio uniforme, senza alcuna macchia. La coda è corta. Secondo Mertens a Sumatra questa specie preferisce le acque salmastre.

Genere *Chinemys*

È largamente diffuso in Estremo Oriente e comprende tre specie.

Chinemys kwangtungensis
Vive nei ruscelli di montagna della regione cinese di Kwangtung. Il carapace è fornito di una carena vertebrale; la pelle dietro la testa è rugosa. Si ritiene che questa specie deponga solo due uova per volta.

Chinemys megalocephala
È stata avvistata solo nella provincia cinese di Nanking. Il carapace presenta tre striature longitudinali, ma è privo di carena. La testa è molto massiccia, con potenti mandibole.

Chinemys reevesi (tartaruga acquatica cinese)
È diffusa in tutta la Cina meridionale, in Corea e nel sud del Giappone. È molto comune nel tratto inferiore dello Yangtzechiang.
Il carapace presenta tre carene; le placche sono di colore marrone con il bordo profilato di bianco o giallo. Si tratta di una specie molto robusta, onnivora e in grado di rispondere bene alla cattività. La danza nuziale è molto complessa e le uova deposte vanno da 4 a 6.

Genere *Cuora*

È caratterizzato da una cerniera piastrale molto sviluppata e che, in tre delle cinque specie, consente la chiusura della corazza con la stessa precisione con cui avviene nelle *Terrapene* nordamericane.

Cuora amboinensis (tartaruga scatola malese o dell'Amboina)
È originaria della Tailandia, della Cambogia, del Vietnam, dell'Indonesia e delle Filippine. Il carapace è di colore marrone e presenta due o tre carene, mentre il piastrone è giallastro. La testa ha due striature laterali biancastre.
Si ritiene che in libertà sia erbivora, ma in cattività accetta qualsiasi tipo di alimento.
Si possiedono poche informazioni a proposito della *Cuora flavomarginata*, della *Cuora yunnanensis*, della *Cuora trifasciata*, tutte originarie della Cina. Anche sulla *Cuora galbinifrons*, del Vietnam, si hanno solo scarsi dati.

Genere *Cyclemys*

Cyclemys dentata
Gli esemplari giovani di questa specie, ampiamente diffusa nel Sudest asiatico e nell'India insulare, sono acquatici,

Piastrone di Cuora amboinensis. Si osservi l'articolazione.

mentre gli adulti conducono un'esistenza essenzialmente terrestre. Il carapace è abbastanza arcuato, di colore marrone uniforme e con una carena vertebrale. Si tratta di tartarughe molto robuste, che si adattano facilmente alla vita in cattività.
Le femmine depongono solo due uova per volta.

Cyclemys mouhoti
Vive nel Laos, nel Vietnam e nell'isola di Hainan. Il suo carapace è di colore marrone, moderatamente arcuato e tricarenato.

Genere *Geoclemys*

Geoclemys hamiltonii
Si tratta di una tartaruga acquatica di grosse dimensioni, unica rappresentante del suo genere, che vive nei bacini dei fiumi Gange e Indo, nell'India e nel Pakistan. Il carapace può arrivare a misurare 34 cm di lunghezza. Si ritiene che la dieta di base di queste tartarughe consista essenzialmente in molluschi; in cattività accetta anche carne e pesce, ma non vegetali. La colorazione nera risulta molto più brillante negli esemplari giovani.

Genere *Geomyda*

Si conosce un'unica specie, la *Geomyda spengleri*, con due sottospecie. Vive nelle province cinesi di Kwangsi e Kwangtung, nel vietnam, nell'isola di okinawa e in alcune isole dell'Indonesia. Le sue dimensioni sono ridotte e il carapace, schiacciato, tricarenato e con la parte frontale e posteriore seghettate, raggiunge al massimo i 12 cm di lunghezza. Il colore è marrone, con sfumature nere o giallastre. Gli esemplari di *Geomyda spengleri* conducono una vita più terrestre che acquatica.

Genere *Hardella*

L'unica specie di questo genere, l'*Hardella thurji* (tartaruga diamantina), è una tartaruga acquatica di grosse dimensioni, che raggiunge anche i 50 cm di lunghezza. Vive nei bacini del Gange, dell'Indo e del Brahmaputra, dove viene consumata come alimento in diverse località. Gli esemplari giovani sono caratterizzati da una carena vertebrale molto pronunciata. Si tratta di una specie erbivora, che in cattività accetta qualsiasi tipo di frutta e verdura.

Genere *Heosemys*

Comprende cinque specie, tutte caratterizzate da una carena vertebrale pronunciata e dall'assenza di carene laterali.

Heosemys grandis
È una tartaruga di grosse dimensioni, originaria della Birmania, della Tailandia e della Cambogia. Gli esemplari della specie si trovano a proprio agio sia in acqua che sulla terraferma. Il carapace è leggermente arcuato, di colore marrone con cerchi concentrici in ciascuna placca.

H. spinosa, *H. silvatica*, *H. depressa* e *H. leytensis*
Vivono anche nel Sudest asiatico e nelle Filippine e sono ancora poco conosciute nelle loro abitudini.

La Heosemys spinosa non verrà forse più importata in Europa grazie alle nuove leggi protezioniste

Genere *Hieremys*

La sua unica specie, denominata *Hieremys annandalei*, vive in Tailandia, in Cambogia e in Vietnam, preferendo i fiumi dal corso lento, gli stagni e i pantani. È facile osservare queste tartarughe a Bangkok, nel cosiddetto Tempio delle Tartarughe. Il loro carapace è leggermente schiacciato, di colore marrone e con una carena vertebrale. Si tratta di una specie erbivora.

Genere *Kachuga*

Comprende sette specie (tutte asiatiche), dalle abitudini acquatiche e che presentano dimensioni molto diverse fra loro.

Kachuga tecta
È la specie più conosciuta di questo genere. Vive nell'India settentrionale e solo raramente è possibile osservarla sulla terraferma. Il suo carapace è molto alto e di sezione quasi triangolare. Dietro gli occhi presenta alcune striature rossicce molto simili a quelle della *Chrysemys scripta*. La dieta di base è essenzialmente vegetariana, ma quando si trova in cattività è possibile farle accettare anche vermi e pesci.

Kachuga tentoria
Si tratta di una specie molto simile alla precedente, tanto da essere considerata da diversi autori come una sottospecie.

Kachuga smithi
Vive nei bacini dell'Indo e del Gange. È una nuotatrice molto più rapida rispetto alle specie precedenti.

K. dhongoka, *K. kachuga*, *K. trivittata* e *K. sylhetensis*
Sono tutte specie dalle abitudini poco conosciute, che vivono nella fascia delle propaggini meridionali dell'Himalaya.

GENERE *Malayemys*

L'unica specie che vi appartiene, denominata *Malayemys subtrijuga*, è piuttosto nota agli appassionati di tartarughe in quanto viene importata con una certa frequenza. È originaria del Vietnam, della Tailandia, della penisola malese e di Giava. Il carapace è di colore marrone e presenta tre carene dorsali. Gli adulti possono arrivare a misurare oltre 30 cm di lunghezza. La loro alimentazione di base è costituita da molluschi.

Genere *Mauremys*

Si tratta di tartarughe tipicamente acquatiche, la cui distribuzione si estende all'Asia, al Nordafrica e all'Europa meridionale. Comprende quattro specie.

Mauremys leprosa
Fino a poco tempo fa era considerata (e da alcuni autori lo è tuttora) come una sottospecie o varietà geografica della *Mauremys caspica*.
Il suo carapace è leggermente schiacciato, di colore bruno-olivastro e può raggiungere una lunghezza massima di 20 cm. È inoltre ornato da una leggera carena vertebrale. Sul collo e sulle zampe sono visibili striature di colore arancione.
L'accoppiamento può avvenire indifferentemente sulla terraferma o in acqua; le uova (da 5 a 9) vengono deposte tra giugno e luglio, schiudendosi dopo circa un mese. La

Mauremys caspica

maturità sessuale viene raggiunta all'età di circa sette anni. Le tartarughe di questa specie sono onnivore: si cibano infatti di pesci, larve di anfibi e sostanze vegetali. In genere vivono bene in cattività, tuttavia i maschi presentano l'inconveniente di mordere spesso il collo di altre tartarughe, causando ferite a volte difficili da curare.

Mauremys caspica (tartaruga del Caspio)
È molto simile alla precedente ed è relativamente abbondante negli habitat naturali dei Balcani e del Medioriente. Si conoscono due sottospecie.

Mauremys mutica e *M. japonica*
Queste due specie, originarie rispettivamente della Cina e del Giappone, possiedono tutte le caratteristiche tipiche del genere. Le specie del genere *Mauremys* venivano fino a poco tempo fa incluse nel genere *Clemmys*.

Genere *Melanochelys*

Comprende due specie.

Melanochelys tricarinata
È originaria del Bangladesh e dell'Assam, dove conduce una vita prevalentemente acquatica. Il carapace, lungo fino a 15 cm, presenta tre carene dorsali di colore marrone ben definite.

Melanochelys trijuga
Si conoscono sei sottospecie, distribuite da Sri Lanka fino all'India e alla Birmania. Il carapace di queste tartarughe, interamente nero o marrone scuro, è ornato da tre carene dorsali e appare leggermente schiacciato. Le *Melanochelys trijuga* possono essere osservate con la stessa frequenza sia in acqua sia sulla terraferma.

Genere *Morenia*

Comprende due specie, originarie della Birmania, dell'India e del Bangladesh. In entrambe il carapace è leggermente arcuato, con l'estremità posteriore non seghettata.

Morenia ocellata
Raggiunge una lunghezza massima di 23 cm. Il colore di base è olivastro, con un ocello giallognolo in corrispondenza di ogni placca. Si tratta di una specie essenzialmente acquatica, delle cui abitudini sappiamo ancora molto poco.

Morenia petersi
La caratteristica di questa specie è rappresentata dal colore olivastro con le placche costali e vertebrali profilate di

verde chiaro o di giallo. La placca nucale risulta di dimensioni molto più grandi rispetto alla specie precedente.

Genere *Notochelys*

Vive nel Sud del Vietnam, nella penisola malese, nel Borneo e a Sumatra. Comprende una sola specie.

Notochelys platynotis
Presenta un carapace leggermente schiacciato, con l'estremità posteriore seghettata. Caratteristica è una quinta placca vertebrale, piccola e quadrata: questa particolarità è riscontrabile in altre specie unicamente in soggetti anormali. Le abitudini delle *Notochelys* sono prevalentemente acquatiche e gli esemplari che vi appartengono possono sopravvivere senza problemi in cattività se nutriti con una dieta esclusivamente vegetale.

Genere *Ocadia*

L'unica specie di questo genere, l'*Ocadia sinensis*, è una piccola tartaruga acquatica cinese. Secondo Loveridge e Williams si tratta del più primitivo tra gli emididi esistenti. Il carapace è leggermente arcuato e tricarenato negli esemplari giovani.

Genere *Ortilia*

Anche questo genere comprende una sola specie, l'*Ortilia borneensis*, che vive nella penisola malese, nel Borneo e a Sumatra. Il carapace degli esemplari più giovani è piuttosto arcuato e di colore nero uniforme. Si tratta nel complesso di una specie essenzialmente acquatica.

Genere *Rhinoclemmys*

Comprende nove specie, la maggior parte delle quali terrestri, per cui verranno citate nella sezione dedicata alle tartarughe di terra.

Genere *Sacalia*

L'unica specie che vi appartiene, la *Sacalia bealei*, vive nei ruscelli di montagna della Cina meridionale. È facilmente riconoscibile grazie a quattro vistosi ocelli nella parte superiore della testa.

Genere *Siebenrockiella*

Anche a questo genere appartiene una sola specie, denominata semplicemente *Siebenrockiella*, che vive negli stagni e nelle zone paludose del Sudest asiatico e indonesiano, nutrendosi di molluschi e di rane. Gli esemplari adulti presentano un'unica carena dorsale, mentre quelli giovani ne posseggono tre.

FAMIGLIA CARETTOCHELYIDAE

È questa una famiglia monotipica (che comprende cioè una sola specie), probabilmente molto diffusa durante l'era terziaria. La *Carettochelys insculpta* (carettochelide), unica specie vivente di questa famiglia, è una delle tartarughe più rare che si conoscano. La si trova esclusivamente nel bacino del fiume Fly, in Nuova Guinea, e in quello del Daly, nel Territorio del Nord (Australia).
La carettochelide presenta notevoli caratteristiche in comune con le specie marine: le sue estremità sono infatti trasformate in pinne, per cui l'adattamento al nuoto è decisa-

mente superiore rispetto alle altre tartarughe d'acqua dolce. Il carapace, che può raggiungere i 45 cm di lunghezza ed è fornito di una carena dorsale, non è ricoperto da placche cornee, ma da una pelle simile a quella delle *Trionychidae*. Esso è inoltre di colore grigiastro con macchie bianche marginali e presenta una carena dorsale.
Le ossa del piastrone non sono collegate tra di loro in modo rigido, ma sono corredate di legamenti cartilaginosi che danno una certa elasticità all'insieme. Il muso è ricoperto di pelle e termina con un tubo respiratore; la parte superiore della coda è ricoperta da una fila di scaglie embricate. Questa tartaruga si nutre principalmente di pesci, molluschi e piante acquatiche.
Nonostante diversi esemplari vivano in cattività, questa specie è stata poco studiata nel suo ambiente naturale: sarebbe per esempio interessante sapere se costruisce nidi simili a quelli delle tartarughe marine. Analogamente ad alcune *Trionyx* le carettidi si addentrano infatti occasionalmente in mare.
Un aspetto curioso e inspiegabile è rappresentato dal fatto che la presenza di questa tartaruga in Australia è stata individuata solo a partire dal 1969, mentre appare ripetutamente disegnata nei petroglifi dei primitivi aborigeni del Territorio del Nord.

FAMIGLIA TRIONYCHIDAE

Comprende tartarughe acquatiche dal guscio molle e ricoperto di pelle invece che di placche cornee. Un'altra caratteristica di questa famiglia è rappresentata dal collo lungo e flessibile. Tutte le specie che vi appartengono (divise in due sottofamiglie secondo Pritchard) sono facilmente irritabili e non esitano a mordere quando vengono infastidite.

Sottofamiglia Cyclanorbinae

Comprende il genere asiatico *Lissemys* e quelli africani *Cyclanorbis* e *Cycloderma*.

Genere *Lissemys*

Comprende una sola specie, la *Lissemys punctata,*(tartaruga dal guscio lobato), con tre sottospecie, tutte originarie dell'India, del Bangladesh e di Sri Lanka. È la più piccola delle tartarughe dal guscio molle e il suo carapace, arcuato e di colore verdastro, presenta alcune macchie gialle profilate di nero. In genere vive nelle acque stagnanti o dal corso molto lento, uscendo sulla terraferma solo occasionalmente e di notte. La sua alimentazione è costituita da qualsiasi tipo di piccoli animali acquatici.

Genere *Cyclanorbis*

Cyclanorbis senegalensis
È diffusa in Senegal, Gambia, Ciad, Gabon, Camerun, Togo, Nigeria e Costa d'Avorio. Il carapace degli adulti è di colore marrone chiaro con il bordo bianco, mentre il piastrone è interamente bianco e molto robusto.
Se viene presa in mano, questa tartaruga si ritrae e non cerca di mordere. In cattività accetta di mangiare anche pesce non vivo e in diverse zone dell'Africa viene tenuta come animale domestico. Forse per questo motivo, si hanno poche notizie circa la sua vita in libertà.

Cyclanorbis elegans
Vive in Sudan, Ciad, Nigeria e Togo. È piuttosto simile alla specie precedente.

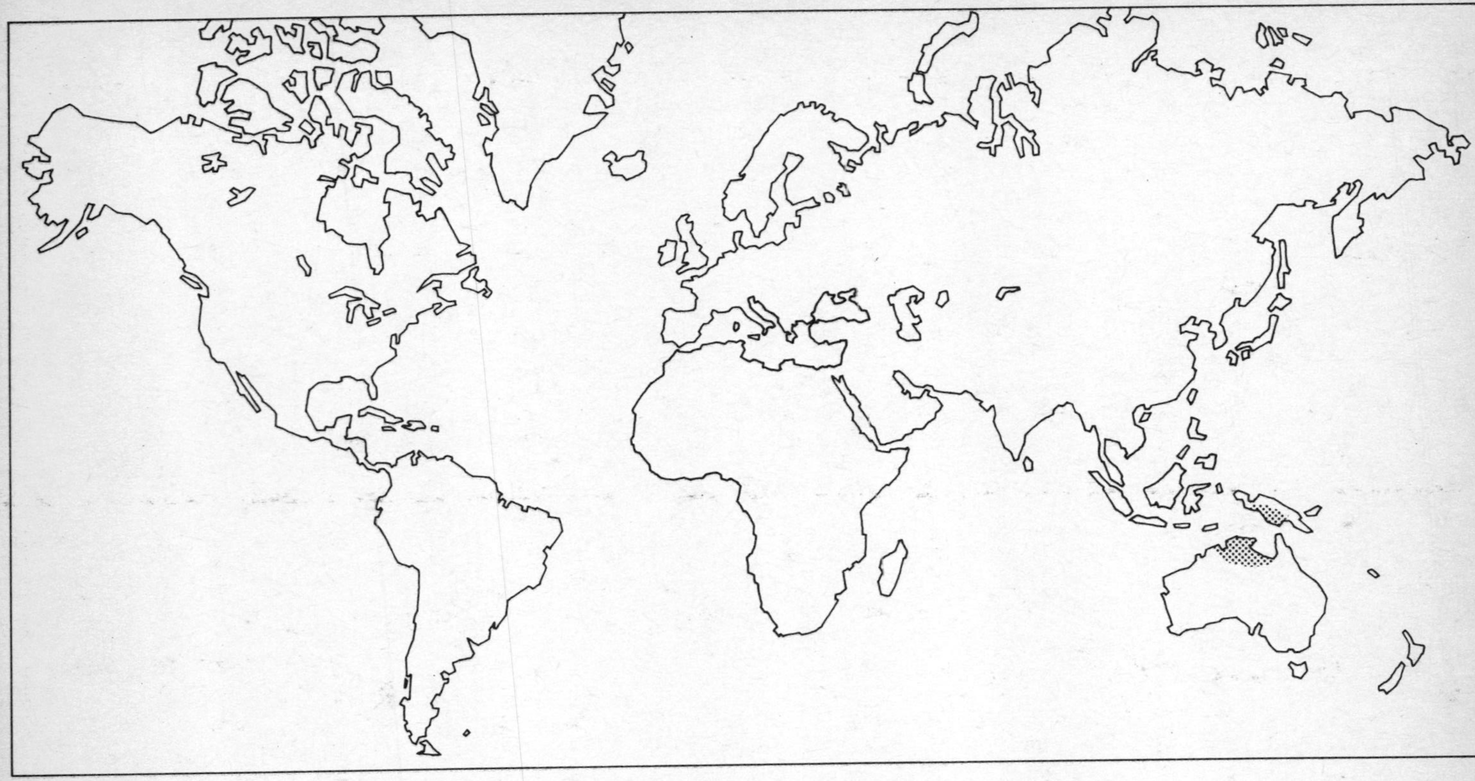

Distribuzione geografica della famiglia Carettochelyidae

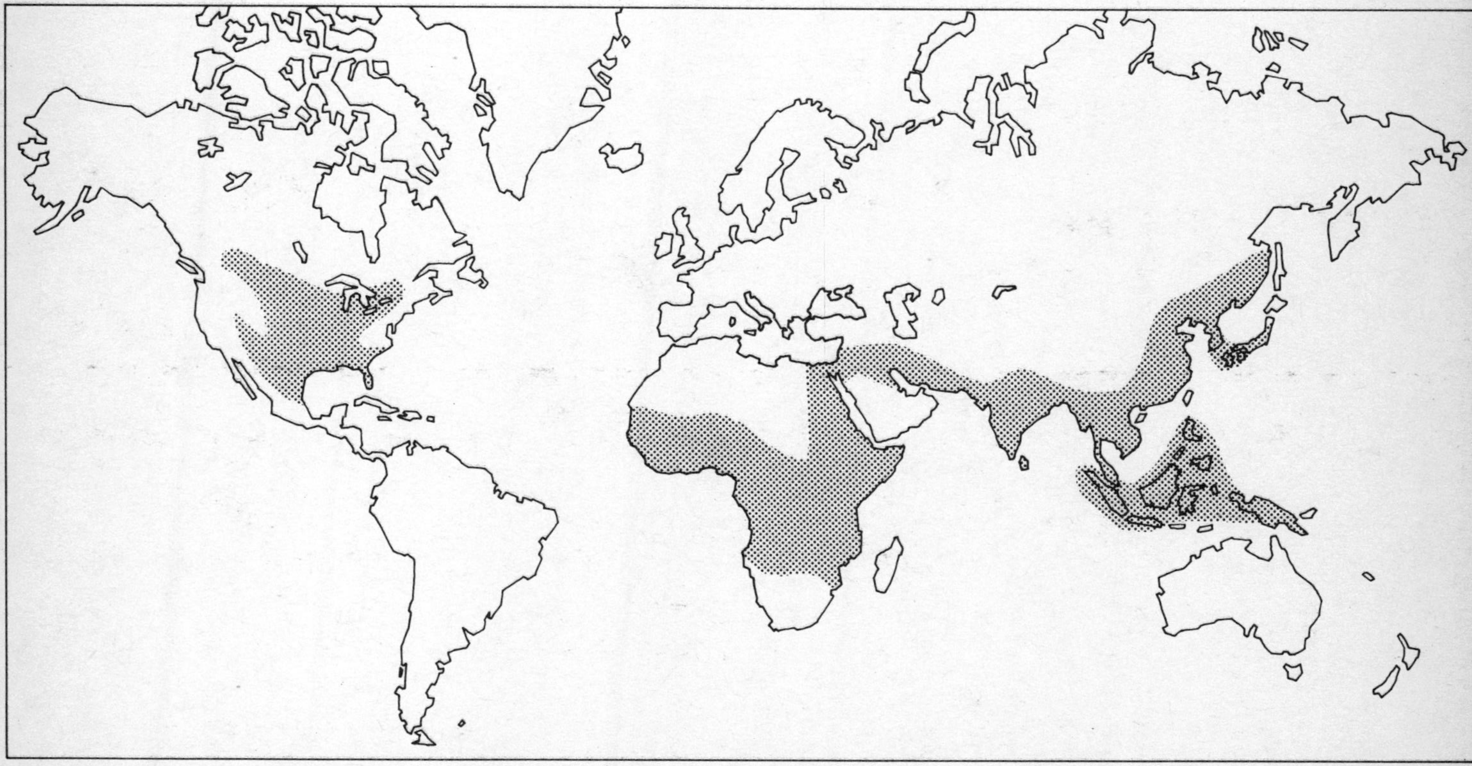

Distribuzione geografica della famiglia Trionychidae

Genere *Cycloderma*

Si distingue facilmente dal genere precedente per la posizione più avanzata degli occhi. Anche il genere *Cycloderma* comprende due specie, entrambe carnivore e ottime nuotatrici.
La *Cycloderma aubryi* vive nel Gabon e nel Congo, mentre la *Cycloderma frenatum* è diffusa in Australia, Mozambico e Malawi. Nel lago Malawi questa tartaruga è stata vista estrarre i molluschi dal guscio con le sue potenti estremità anteriori.

Sottofamiglia Trionychinae

Comprende tre generi.

Genere *Chitra*

La *Chitra indica*, unica specie di questo genere, vive nelle acque limpide dei bacini dei fiumi Gange, Sutlej e Indo, negli stati del Pakistan, dell'India e del Nepal. È diffusa anche nel fiume tailandese Ratburi. È caratterizzata dalla posizione degli occhi, talmente avanzata da sembrare a prima vista che si tratti delle fosse nasali. Il carapace è di colore olivastro e negli esemplari giovani presenta un disegno reticolato molto complesso.
È facile trovare questa tartaruga nei mercati di Bangkok e di Calcutta, dove la sua carne viene venduta come genere alimentare.

Genere *Pelochelys*

La sola specie che vi appartiene, denominata *Pelochelys bibroni*, è largamente diffusa in tutto il Sudest asiatico, in

Indonesia, nelle Filippine e in Nuova Guinea. Sono stati osservati esemplari enormi di questa specie, oltre gli 80 cm di lunghezza. Il suo muso è corto e arrotondato e la colorazione olivastra del carapace si estende fino al collo. A volte sono presenti alcune macchie dorsali di colore bianco, giallo o nero, mentre il piastrone è privo di pigmentazione.
Nonostante le dimensioni, questa tartaruga non è aggressiva. Non si conosce quale sia la sua dieta in libertà, ma in cattività si nutre a base di pesce. Secondo Nell depone fino a 27 uova più volte per stagione.

Genere *Trionyx*

È il più esteso e caratteristico di tutta la famiglia; comprende 16 specie.

Trionyx ater
Questa specie è stata osservata unicamente nella zona di Cuatro Ciénagas, nello stato di Coahuila (Messico). Si tratta di una tartaruga di piccole dimensioni, piuttosto simile alla *Trionyx ferox* e caratterizzata da un corrugamento nella parte posteriore del carapace.

Trionyx cartilagineus
È una specie di grosse dimensioni, che può raggiungere i 70 cm di lunghezza. È largamente diffusa in Indonesia e nel Sudest asiatico. La colorazione dorsale è grigiastra, mentre il piastrone è bianco nei maschi e grigio nelle femmine. Questa tartaruga vive sia nei fiumi di montagna che nei corsi d'acqua lenti e fangosi, nutrendosi principalmente di pesci, anfibi e crostacei.

Trionyx euphraticus
Questa specie raggiunge al massimo i 25 cm di lunghezza ed è piuttosto abbondante in alcune regioni della Siria e

dell'Iraq. Il dorso ha una colorazione verdastra, e presenta piccole macchie bianche irregolari.

Trionyx ferox
È originaria della Florida e della fascia meridionale della Georgia e della Carolina del Sud. I maschi possono arrivare a misurare 33 cm di lunghezza, mentre le femmine raggiungono i 50.
In questa specie il carapace del maschio è di colore marrone scuro o grigiastro, con macchie più scure e una bordatura giallastra o arancione. La testa presenta striature gialle o rossicce, che si estendono dall'occhio fino alla mandibola inferiore. In genere questa tartaruga nidifica da marzo a luglio, scegliendo zone sabbiose e ben esposte al sole e deponendo da 4 a 22 uova, che si schiudono dopo circa 9 settimane. Si nutre principalmente di crostacei, molluschi e rane, e ama trascorrere lunghe ore galleggiando sulla superficie dell'acqua.

Trionyx formosus
È una specie originaria della Cina e della Birmania. Il suo carapace, che raggiunge i 25 cm di lunghezza, è ornato da un ocello negli esemplari giovani. Sulla sua vita, come su quella della maggior parte delle tartarughe birmane, si hanno poche notizie. In alcune regioni è considerata sacra.

Trionyx gangeticus
Si tratta di una specie originaria del Pakistan, del Nepal, del Bangladesh e dell'India settentrionale, che può arrivare a superare i 60 cm di lunghezza. In genere preferisce le acque profonde e torbide, anche se a volte la si può osservare vicino alle rive con la testa fuori dall'acqua. Sembra che la sua dieta sia essenzialmente vegetariana. In alcune zone viene tenuta in grandi vasche per motivi religiosi.

Trionyx hurum
È simile alla specie precedente per quanto riguarda le dimensioni e l'area di diffusione. Negli esemplari giovani il carapace è di colore verdastro, con un disegno reticolato e con quattro o più ocelli che scompaiono con l'età.

Trionyx leithii
Vive in India, dalla pianura del Gange fino a Madras. È molto simile alla *Trionyx gangeticus*, ma gli esemplari giovani si distinguono per quattro ocelli o disegni concentrici sul carapace.

Trionyx muticus
Questa tartaruga, di cui si conoscono due sottospecie, vive nel centro e nel sud degli Stati Uniti, raggiungendo i 18 cm di lunghezza negli esemplari di sesso maschile e il doppio nelle femmine. Il carapace è appiattito e di colore olivastro o marrone punteggiato di macchie scure.
Gli esemplari di questa specie hanno abitudini totalmente acquatiche e solo raramente è possibile vederli sulla terraferma. Depongono le proprie uova in banchi di sabbia, allontanandosi fino a un massimo di tre metri dall'acqua. La base della loro alimentazione è costituita da crostacei e da altri piccoli invertebrati.

Trionyx nigricans
Sembra che questa specie ormai non esista più allo stato libero e che viva solo in una colonia semilibera in una piscina annessa alla moschea del sultano Bagu Bastan, in Bangladesh. Si tratta di tartarughe di grosse dimensioni (raggiungono anche i 75 cm di lunghezza) ed estremamente mansuete, al punto che di solito accettano il cibo direttamente dalle mani dell'uomo.

Trionyx sinensis (trionice cinese)
È largamente diffusa in Cina, in Giappone, in Corea e nel Vietnam, ma è stata introdotta anche a Singapore e nelle isole Hawaii. Vive nei fiumi, nei canali e nei pantani, e a volte anche nei ruscelli di montagna. Si conoscono due sottospecie.

Trionyx spiniferus (trionice spinifera)
È presente in tutta la metà orientale degli Stati Uniti, a eccezione del nord-ovest e della Florida. Le misure massime sono di 23 cm per i maschi e di 45 per le femmine. Il carapace è di colore olivastro, con macchie e ocelli irregolari e una leggera carena dorsale nella parte anteriore.
Le uova di questa specie, di forma sferica e con un diametro di 29 mm, vengono deposte in numero da 4 a 32, più volte per stagione. La *Trionyx spiniferus*, di cui si conoscono sette sottospecie, vive nei fiumi dal corso lento, nei laghi e negli stagni, nutrendosi di ogni tipo di piccolo animale. In cattività può vivere fino a 25 anni.

Trionyx steindachnerii
Vive nella Cina meridionale, nel Vietnam e nell'isola di Hainan. È caratterizzata da una fitta massa di tubercoli in corrispondenza della base del collo. Si ritiene che sia vegetariana, ma attualmente non si dispone di dati sicuri e precisi al riguardo.

Trionyx swinhoeii
È originaria di Shangai e secondo diversi autori corrisponderebbe alla *Trionyx sinensis*.

Trionyx subplanus
Si tratta di una specie presente in tutto il Sudest asiatico, dalla Birmania fino all'Indonesia. Alcuni autori la inclu-

dono in un genere a parte (*Dogania*). Il carapace della *Trionyx subplanus* è di colore marrone, con una carena dorsale più scura; su entrambi i lati del collo si possono osservare alcune macchie rossastre sfumate. La specie è piuttosto piccola ed evita i fiumi grossi e lenti in cui vivono specie di dimensioni maggiori, preferendo invece i ruscelli di montagna.

Trionyx triunguis
È l'unica specie africana del genere *Trionyx* e risulta diffusa in tutto il continente. Le sue dimensioni sono piuttosto notevoli e possono raggiungere un metro di lunghezza. Si tratta di tartarughe onnivore, che vengono consumate per uso alimentare in diverse regioni.
Non è raro che una *Trionyx triunguis* si avventuri in mare, ed è anzi relativamente frequente che esemplari che vivono nel Nilo raggiungano le coste di Israele, della Siria e della Turchia, dando origine a colonie costiere.
Lungo il corso del Nilo queste tartarughe depongono le proprie uova (da 50 a 60) in banchi di sabbia durante il mese di aprile.

FAMIGLIA PELOMEDUSIDAE

Comprende cinque generi, la cui caratteristica comune più significativa è quella di ritrarre il collo piegandolo di lato.

Genere *Erymnochelys*

Vi appartiene un'unica specie, l'*Erymnochelys madagascarensis*, che vive esclusivamente nel Madagascar. Il suo carapace è di forma ovale e negli esemplari giovani presenta una leggera carena dorsale. Le abitudini di questa specie sono pressoché sconosciute.

Genere *Pelomedusa*

Anche questo genere comprende una sola specie, la *Pelomedusa subrufa* (pelomedusa), diffusa in tutto il continente africano a sud del Sahara. È presente anche in Madagascar.
Nonostante le dimensioni ridotte (circa 15 cm di lunghezza) questa tartaruga è estremamente prolifica e può deporre anche oltre 30 uova per volta. Si tratta di una specie semiacquatica, che vive generalmente nei pantani o negli stagni stagionali.

Genere *Peltocephalus*

L'unica specie che vi appartiene, la *Peltocephalus tracaxa*, vive nei fiumi dalle acque scure del bacino amazzonico (Rio Negro, Atabapo, Putumayo ecc.).
Il suo carapace, di colore grigio scuro o marrone, è convesso e presenta una leggera carena vertebrale, mentre il piastrone è grigiastro.

Genere *Pelusios*

Questo genere comprende invece dieci specie, riconoscibili per la cerniera sul piastrone, che permette di chiudere la parte anteriore proteggendo la testa e le estremità.

Pelusios adansonii
È originaria dell'Africa tropicale, comprese le Isole del Capo Verde. Il carapace è scuro, mentre il piastrone è privo di pigmentazione.

Pelusios bechuanicus
Vive in Botswana e, secondo Loveridge, potrebbe trattarsi di una varietà geografica della *Pelusios subniger*.

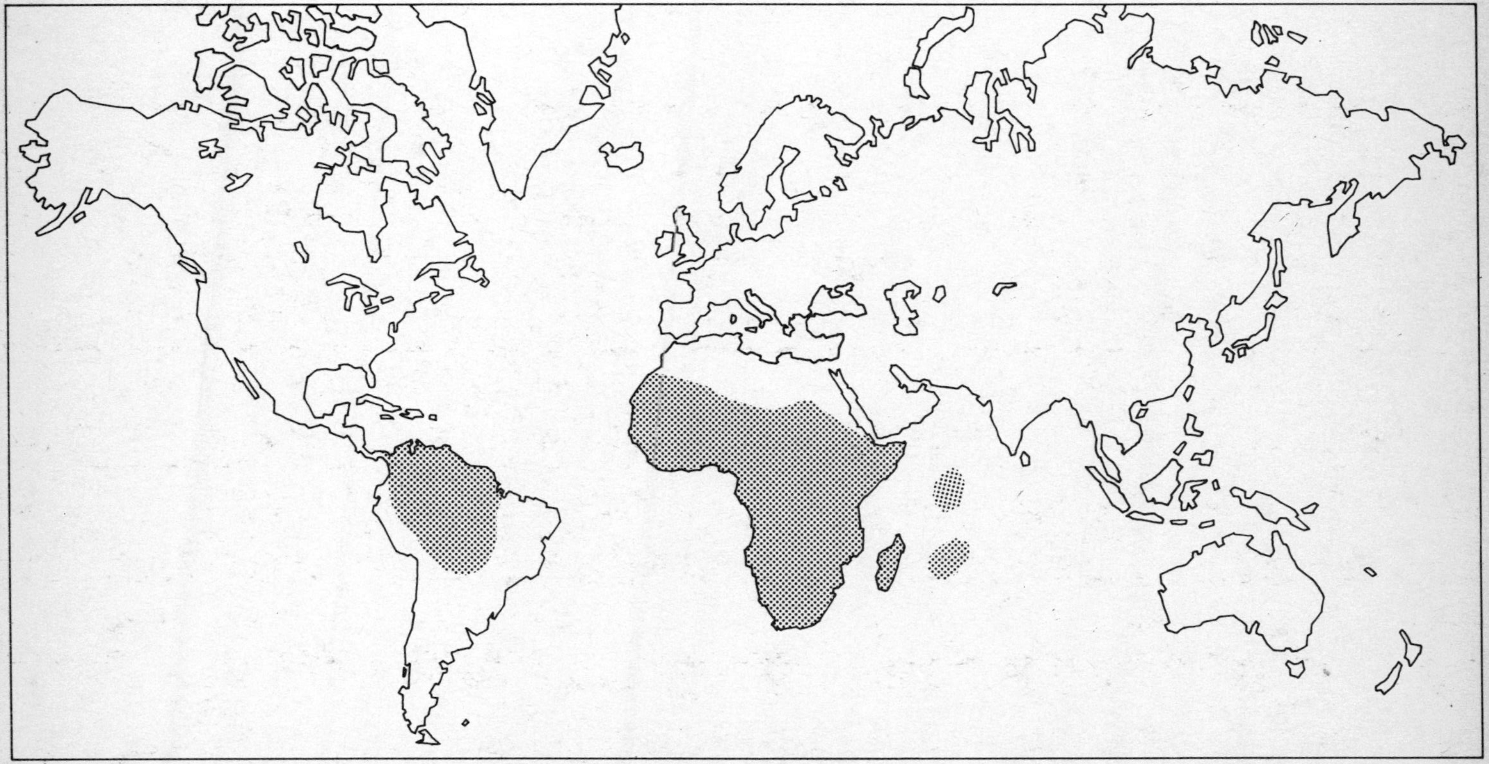

Distribuzione geografica della famiglia Pelomedusidae

Pelusios carinatus
Proviene dallo Zaire ed è caratterizzata da una carena dorsale molto pronunciata e dal bordo posteriore del carapace seghettato.

Pelusios castaneus
Questa tartaruga, di cui si conoscono quattro sottospecie, è largamente diffusa nell'Africa equatoriale, compresi il Madagascar e le Seychelles. Il carapace è di colore marrone-giallastro, mentre il piastrone è giallo. Questa specie sembra essere portata a colonizzare con facilità le isole lontane dal continente.

Pelusios gabonensis
Questa specie, caratterizzata dal carapace schiacciato e di colore marrone con una linea dorsale nera molto tipica, vive nell'Africa tropicale occidentale.

La Pelusios gabonensis è una tartaruga palustre africana dall'espressione particolarmente simpatica

La cerniera del piastrone è situata in posizione molto arretrata. Questa caratteristica fa sì che il piastrone stesso si articoli quasi a metà.

Pelusios nanus
Si tratta della specie più piccola del genere, descritta per la prima volta nel 1956. Vive in Angola e nello Zaire.

Pelusios niger
Vive nell'Africa occidentale, dalla Costa d'Avorio fino all'Angola. Sia il carapace sia il piastrone presentano una colorazione nera uniforme. La carena dorsale risulta molto evidente.

Pelusios sinuatus (tartaruga sinuata)
È diffusa nell'Africa orientale, dalla Somalia fino al Natal, e vive nei laghi o nei grandi fiumi della fascia costiera e della savana. Con i suoi 25 cm. di lunghezza è la maggiore rappresentante del genere *Pelusios*. Il suo carapace è leggermente schiacciato e di colore nero; il lobulo frontale del piastrone è relativamente piccolo.

Pelusios subniger
Si tratta di una specie caratteristica dell'Africa orientale, del Madagascar, delle isole Mauritius e delle Seychelles. Il carapace è privo di carena e presenta il bordo di colore scuro, mentre il piastrone può essere marrone scuro, nero, giallo o giallo con macchie scure.

Pelusios williamsii
Questa specie, descritta nel 1965, vive nell'alto corso del Nilo. Il suo piastrone è di colore giallo o nero, con il lobulo anteriore di dimensioni moderate.

Genere *Podocnemis*

Comprende sei specie, tutte originarie dell'America del Sud, dove occupano una posizione ecologica equivalente a quella del genere *Pelusios* in Africa.

Podocnemis erythrocephala (= P. cayennensis)
Vive in alcuni fiumi dalle acque scure del bacino amazzonico, soprattutto nel Rio Negro, nel Canuma, nel Madeira, e nel Tefé. Gli esemplari giovani sono facilmente riconoscibili per le macchie rosse sul capo: i maschi conservano questa colorazione per tutta la vita, mentre le femmine la perdono con l'età.
La deposizione delle uova avviene sempre di notte, nel periodo che va da agosto a novembre, con preferenza per le zone sabbiose e ricoperte di vegetazione a macchia.

Podocnemis expansa (tartaruga Arrau)
Con i suoi 65 cm di lunghezza è la maggiore rappresentante del genere. Si tratta di una specie diffusa in tutto il bacino amazzonico, comprendendo parte del Brasile, della Colombia, della Bolivia e del Perù. La si può osservare anche nel bacino dell'Orinoco. È esclusivamente erbivora e si aggrega in gruppi numerosi per deporre le uova.

Podocnemis lewyana
Si tratta di una specie ancora poco conosciuta, propria dei fiumi colombiani Magdalena e Sino.

Podocnemis sextuberculata
Vive nel bacino del Rio delle Amazzoni, del Putumayo e del Caqueta. Si nutre principalmente di pesci. Il particolare che la rende facilmente riconoscibile è un caratteristico solco tra gli occhi.

Podocnemis unifilis
Può giungere a misurare oltre 40 cm di lunghezza ed è caratterizzata da un carapace più arcuato che nelle altre specie dello stesso genere. La sua area di diffusione corrisponde a quella della *Podocnemis expansa*.

Podocnemis vogli
È molto comune nella regione degli Llanos, in Venezuela, e nel dipartimento colombiano di Meta. Nonostante la sua ampia diffusione venne descritta solo nel 1935. Il suo carapace, schiacciato e privo di carena, raggiunge una lunghezza massima di 25 cm e presenta una colorazione marrone con macchie giallastre. Si tratta di una specie essenzialmente erbivora, che in cattività accetta però anche carne e pesce.

FAMIGLIA CHELYDAE

Anche questa famiglia è caratterizzata dalla ritrazione laterale del collo, ma presenta una serie di particolarità che permette di classificarla come più evoluta rispetto alle *Pelomedusidae*. Comprende otto generi, distribuiti nell'America del Sud, in Australia e in Nuova Guinea.

Genere *Chelodina*

Comprende a sua volta otto specie diffuse in Australia e in Nuova Guinea, che presentano notevoli parallelismi con il genere sudamericano *Hydromedusa*. In entrambi i generi il collo è infatti molto lungo e la sua misura, sommata a quella della testa, può arrivare a uguagliare quella del carapace.

Chelodina expansa
Raggiungendo i 50 cm di lunghezza è la maggiore rappresentante dei chelidi australiani. Vive nelle regioni interne

del Queensland, del Nuovo Galles del Sud e nel bacino del fiume Murray, che scorre nel Vittoria.
Il carapace è di forma ovale, mentre la testa è molto appiattita e larga. Analogamente a quanto accade per la maggior parte delle tartarughe di questo genere, la *Chelodina expansa* solleva la testa solo quando si trova sulla terraferma. La base della sua alimentazione è costituita da insetti e anfibi.
La deposizione delle uova avviene da marzo a maggio (periodo che corrisponde alla stagione dell'autunno australe) e gli embrioni possono ibernarsi nell'uovo, nascendo anche dopo un anno.

Chelodina longicollis (tartaruga collo di serpente)
Si tratta indubbiamente della specie più conosciuta del genere. Vive nella fascia meridionale e orientale dell'Australia, raggiungendo raramente i 20 cm di lunghezza.
Quando viene infastidita può secernere una sostanza maleodorante, prodotta dalle sue ghiandole inguinali. Si nutre di qualsiasi tipo di animale acquatico e per deporre le proprie uova sceglie i giorni più piovosi del mese di novembre, riunendosi in gruppi molto numerosi. Il periodo di incubazione dura dai 130 ai 137 giorni.

Chelodina novaeguineae
È molto simile alla *Chelodina longicollis*. La si può trovare nella fascia settentrionale dell'Australia, in Nuova Guinea e in alcune isole del Mare di Timor.

Chelodina oblonga
Vive nell'estremità sud-occidentale dell'Australia. Il suo collo, in proporzione alle dimensioni totali, è più lungo che in qualsiasi altra specie ed è talmente muscoloso da rendere impossibile la ritrazione completa all'interno della corazza.

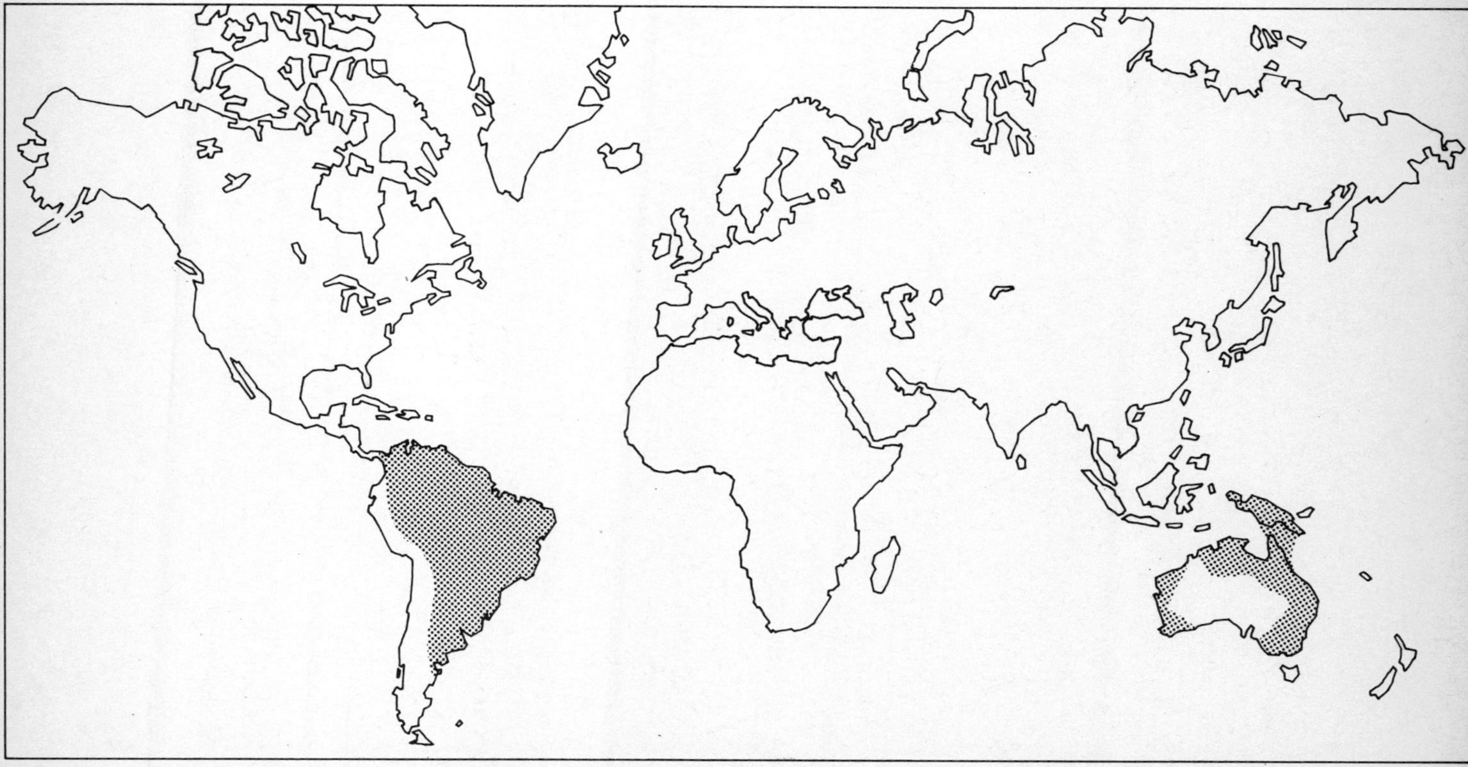

Distribuzione geografica della famiglia Chelydae

In prossimità del Teatro dell'Opera di Sydney (Australia) esiste un monumento di bronzo dedicato alla Chelodina longicollis e ad alcuni altri rettili della fauna australiana

Chelodina parkerii

Si trova esclusivamente nelle regioni paludose del sud della Nuova Guinea, raggiungendo una lunghezza massima di 26 cm. La parte dorsale del suo collo è ricoperta da piccoli tubercoli ben definiti.

Chelodina rugosa

Vive soltanto nella regione di Capo York, all'estremità nord-occidentale dell'Australia. Si tratta di una specie pressoché sconosciuta, della quale si hanno pochi dati sicuri.

Chelodina siebenrockii

Si tratta probabilmente di una specie esclusiva dei fiumi poveri d'acqua della Nuova Guinea meridionale. In genere rimane nascosta sotto il fango profondo e morbido. È carnivora ma non aggressiva.

Chelodina steindachneri

È caratterizzata dall'inconfondibile carapace quasi discoidale. Vive nell'Australia occidentale, nei fiumi dal corso stagionale che si prosciugano per diversi mesi all'anno. Abitando regioni in cui le temperature dai 40 ai 45°C non sono eccezionali, è la tartaruga australiana più resistente alla siccità: può infatti perdere fino al 38% del suo peso senza morire. In questo adattamento a condizioni ambientali particolarmente ostili il suo metabolismo le permette di trasformare l'ammoniaca in urati, depurando l'urina senza necessità di secernerla.

Genere *Chelus*

Comprende un'unica specie.

Chelus fimbriatus (matamata)

Questa tartaruga, originaria del bacino del Rio delle Amazzoni e dell'Orinoco, oltre che delle Guiane e dell'isola di Trinidad, è uno dei Cheloni dall'aspetto più insolito. È il caso di darne una descrizione dettagliata.

Il suo carapace, lungo fino a 40 cm, è molto rugoso e presenta tre carene dorsali tubercolate. La testa è invece talmente schiacciata e deforme da essere quasi irriconoscibile come tale a prima vista. Gli occhi sono estremamente piccoli e collocati in posizione molto avanzata, mentre il collo è lungo, grosso e robustissimo. Negli esemplari adulti la colorazione è uniforme, marrone scura e nera.

La bocca della matamata è enorme e potente, e, insieme a tutte le altre straordinarie caratteristiche, risponde perfettamente al modo di vivere di questo interessante animale. Si tratta infatti di una tartaruga predatrice molto pigra e sedentaria, che dà la caccia alle proprie prede appostandosi immobile e perfettamente camuffata sul fondo dei fiumi in cui vive. Depone le proprie uova (da 12 a 28) tra ottobre e novembre; la schiusa avviene dopo circa 200 giorni.

Genere *Elseya*

Comprende tre specie, tutte molto attive e aggressive, che non esitano a mordere quando vengono prese in mano.

Elseya dentata
Vive nell'Australia nord-orientale. Gli esemplari giovani presentano una carena dorsale che compare con il sopraggiungere dell'età adulta. Il carapace, schiacciato e di colore azzurro molto scuro, può superare i 40 cm di lunghezza.
Questa specie si ciba principalmente di frutti, di giacinti d'acqua e di piccoli animali acquatici; è a sua volta un alimento molto apprezzato dagli aborigeni della regione.

Elseya latisternum
È possibile trovarla lungo la fascia costiera orientale dell'Australia fino al Golfo di Carpentaria. Gli adulti sono riconoscibili per la seghettatura del bordo posteriore del carapace. Può arrivare a misurare oltre 30 cm di lunghezza.

Elseya novaeguineae
È largamente diffusa in tutta la Nuova Guinea. Gli esemplari giovani hanno il bordo del carapace seghettato, ma questa caratteristica scompare con l'età.

Genere *Emydura*

Le nove specie incluse in questo genere da Mertens e Wermuth nel 1961 furono in seguito ridotte a tre nel 1967 dalla revisione di Goode. Si tratta sempre di specie acquatiche dal collo corto.

Emydura australis
Comprende tre sottospecie distribuite nell'Australia settentrionale e nella Nuova Guinea. Queste tartarughe raggiungono una lunghezza massima di 25 cm e la loro grossa testa è fornita di potenti mandibole per poter rompere il guscio dei molluschi di cui si cibano. La loro dieta comprende anche vegetali, insetti e rane.

Emydura krefftii
Vive nei fiumi e negli stagni dell'Australia orientale. È facilmente riconoscibile per la striatura gialla dietro l'occhio e per le placche cornee traslucide del carapace. Gli esemplari di questa specie raggiungono i 25 cm di lunghezza e si nutrono di molluschi e rane.

Emydura macquarii
Le due sottospecie che vi appartengono vivono negli stati australiani del Nuovo Galles del Sud, del Vittoria e dell'Australia Meridionale. Il carapace è molto rugoso e di forma quasi circolare, mentre la testa è piccola, con occhi grandi e brillanti.
La deposizione delle uova (fino a 15 unità) avviene in novembre o in dicembre ed è seguita dalla schiusa a circa 10-11 settimane di distanza.

Genere *Hydromedusa*

Nonostante le differenze superficiali dal genere *Chelus* e la morfologia esterna molto simile al genere *Chelodina*, le tartarughe appartenenti al genere *Hydromedusa* sono parenti strette della tartaruga matamata. Si conoscono due specie, entrambe dal collo molto lungo e dal cranio leggermente schiacciato.

Hydromedusa maximiliani
È una specie poco diffusa, che vive unicamente nello stato brasiliano di San Paolo. Il carapace, privo di carena, può raggiungere i 21 cm di lunghezza. Il piastrone è di colore marrone negli esemplari adulti e giallo con macchie marroni in quelli giovani. La sua alimentazione di base consiste in larve di insetti e anfibi.

Hydromedusa tectifera
Vive in Argentina, Paraguay, Uruguay, Brasile meridionale e Bolivia. Il carapace, di colore nero, può raggiungere i 28 cm di lunghezza e le sue placche cornee presentano nodosità centrali. Il piastrone è di colore giallastro e risulta concavo negli esemplari di sesso maschile.
Si tratta di una specie carnivora, che manifesta una particolare predilezione per i molluschi. Trascorre il letargo completamente sommersa.

Genere *Phrynops*

La classificazione di questo genere è alquanto complessa e le opinioni in proposito sono spesso discordanti. Secondo il criterio del dottor Pritchard, deve essere suddiviso in tre sottogeneri.

Sottogenere *Batrachemys*

Comprende le specie di taglia più grossa; la sua tassonomia è tuttora piuttosto confusa.

Phrynops (Batrachemys) dahli
Vive unicamente nella zona di Sincelejo, in Colombia. È una tartaruga carnivora e dalle abitudini notturne.

Phrynops (Batrachemys) nasuta
È diffusa in gran parte del bacino amazzonico. Il suo carapace è schiacciato e di colore marrone, e può raggiungere i 20 cm di lunghezza.
Le tartarughe di questa specie depongono fino a 6 uova durante l'anno. La dieta non è nota, ma nonostante le robuste mandibole, non mordono. Si conoscono due sottospecie.

Phrynops (Batrachemys) tuberculata
Originaria delle regioni orientali del Brasile, fu descritta nel 1926 da Luederwaldt, ma in seguito ignorata per altri trent'anni. Recentemente ne è stata individuata una nuova sottospecie che vive in Paraguay.

Sottogenere *Mesoclemmys*

Comprende una sola specie.

Phrynops (Mesoclemmys) gibba
È originaria del Brasile, della Colombia, delle Guiane, di Trinidad, dell'Ecuador orientale e del Perù nord-orientale. L'esemplare più grosso misurato era lungo 23 cm.
Il suo carapace è carenato e di linee morbide. Questa tartaruga, che vive indifferentemente negli stagni o nei fiumi dal corso rapido, è di abitudini notturne e quando viene infastidita emana un odore sgradevole e penetrante.

Sottogenere *Phrynops*

Comprende quattro specie.

Phrynops rufipes
È forse una delle tartarughe di cui esistono meno esemplari allo stato selvatico. Vive esclusivamente nell'alto corso del

Rio delle Amazzoni, in acque rapide e impetuose e di conseguenza non sopporta di buon grado la vita in cattività: la lontananza dalle acque correnti provoca infatti in questa specie varie micosi e funghi.

Phrynops hogei
È originaria del fiume Pequena, in Brasile, e fu descritta per la prima volta nel 1957 da Mertens.

Phrynops hilarii
Con i suoi 40 cm di lunghezza è sicuramente il più grosso rappresentante di questo genere. Si tratta di una tartaruga dal collo corto, dal carapace grigiastro e dal piastrone giallo con piccole macchie circolari. Vive negli stagni e nelle lagune dell'Argentina, del Paraguay, del Brasile e dell'Uruguay, trascorrendo il letargo in acqua. Si ciba essenzialmente di pesci e si adatta senza problemi alla vita in cattività.

Phrynops geoffroanus
Si tratta di una specie molto piccola, tipica del Venezuela, del Brasile, della Colombia, della Guiana e del Paraguay. Comprende due sottospecie.

Genere *Platemys*

Comprende tre piccole specie sudamericane caratterizzate dal carapace dorsalmente scanalato in senso longitudinale e ornato da due creste.

Platemys pallidipectoris
Raggiunge i 20 cm di lunghezza ed è facilmente riconoscibile per la massa di tubercoli presente tra le zampe poste-

riori e la coda. La sua scoperta, che risale al 1946, avvenne nelle pianure del Chaco, in Argentina.

Platemys platycephala
Vive nelle Guiane e in gran parte del bacino amazzonico del Brasile, della Colombia e del Venezuela. È caratterizzata dalla testa molto schiacciata e da piccoli tubercoli nella parte superiore del collo.

Platemys radiolata
Comprende due sottospecie diffuse in Brasile e in Argentina. Il collo è rivestito di piccoli aculei cornei e il carapace è di colore nero uniforme. Si tratta di una tartaruga anfibia e carnivora, che, pur essendo molto timida, vive bene in cattività. Depone fino a 9 uova sferiche e dal guscio molle.

Genere *Pseudemydura*

Comprende una sola specie.

Pseudemydura umbrina
Vive esclusivamente presso Bullsbrook Swamp, a nord di Perth, nell'Australia occidentale. È il più piccolo rappresentante dei chelidi e raggiunge al massimo i 17 cm di lunghezza. La sua area di distribuzione, essendo molto ridotta, è stata acquistata dal governo australiano e trasformata in riserva. Gli esemplari di questa specie, severamente protetti, sono oggi circa trecento.

LE TARTARUGHE TERRESTRI

Confrontate con quelle acquatiche e palustri, le tartarughe strettamente terrestri presentano una notevole povertà di specie. Nella maggior parte dei casi si tratta di esseri corpulenti, vegetariani e pacifici, che si spostano con estrema lentezza. Le loro zampe, verticali e pachidermiche, sono provviste di grossi tubercoli, che servono, secondariamente, per corazzare l'unica apertura del carapace e proteggerle dai possibili predatori.
Alcune specie, caratterizzate dalla proverbiale longevità e da esigenze modestissime, sono annoverate da molti anni tra gli animali domestici. Le attuali conoscenze sulla biologia delle tartarughe terrestri non presentano tante lacune come nel caso delle specie marine o d'acqua dolce, tuttavia la sopravvivenza della maggior parte di esse è purtroppo seriamente compromessa a causa dell'uomo. Diverse specie (e sottospecie) sono infatti scomparse in tempi relativamente recenti e solo due famiglie, quella degli Emididi e quella dei Testudinidi, annoverano rappresentanti esclusivamente terrestri.

FAMIGLIA EMYDIDAE

Abbiamo già preso in considerazione questa famiglia a proposito delle tartarughe acquatiche; in questa sezione ci occuperemo quindi unicamente delle tartarughe terrestri appartenenti alle due sottofamiglie degli Emididi.

Sottofamiglia Emydinae

Comprende un solo genere di tartarughe terrestri.

Genere *Terrapene*

Le cinque specie che vi appartengono sono largamente diffuse negli Stati Uniti e nel Messico. Si tratta delle cosiddette "tartarughe scatola", così chiamate per la caratteristica di possedere un piastrone articolato che permette la chiusura frontale.

Terrapene carolina (tartaruga scatola comune)
Comprende sei sottospecie distribuite nel Messico e nella metà occidentale degli Stati Uniti. Il carapace di questa tartaruga, che arriva a misurare 21 cm di lunghezza, è bombato e di colore marrone, giallo, arancione oppure olivastro con macchie scure. Il piastrone ha le stesse dimensioni del carapace.
Gli esemplari di sesso maschile hanno in genere gli occhi rossi e la parte posteriore del piastrone leggermente schiacciata. È possibile vedere questa tartaruga durante le prime ore del giorno o dopo la pioggia; spesso si avvicina alle zone ricche di stagni nelle giornate più calde dell'estate. Si nutre essenzialmente di larve, vermi e fragole di bosco, mangiando a volte alcuni funghi che possono essere molto velenosi per l'uomo.
Si ha notizia di esemplari di questa specie vissuti oltre cento anni in cattività. La *Terrapene carolina* depone da 3 a 8 uova ellittiche (lunghe fino a 102 mm) nel periodo da maggio a lu-

glio; i piccoli, che possono trascorrere il letargo nel nido stesso, raggiungono la maturità sessuale all'età di 5-7 anni.

Terrapene coahuila
Vive esclusivamente in alcune aree isolate dello stato messicano di Coahuila, in paludi circondate da zone steppose o desertiche. Questa particolare condizione ha favorito il crearsi di concentrazioni molto affollate, più simili a quelle delle tartarughe acquatiche che a quelle delle tartarughe terrestri. La *Terrapene coahuila* rimane attiva durante tutto l'anno, a eccezione dei giorni più freddi e di quelli più caldi. La deposizione delle uova avviene da maggio a settembre.

Terrapene nelsoni
Comprende due sottospecie, che vivono in piccoli gruppi nel Messico settentrionale. Si tratta di una tartaruga che può vivere anche a considerevoli altitudini.

Terrapene ornata (tartaruga scatola ornata)
La *Terrapene ornata*, di cui esistono due sottospecie, raggiunge i 14 cm di lunghezza e il suo carapace, molto arcuato, presenta un caratteristico disegno a macchie gialle su fondo marrone o nero. Vive nelle praterie degli Stati Uniti centro-meridionali e del Messico settentrionale; la si può trovare anche nelle oasi umide.
L'alimentazione di questa tartaruga si basa essenzialmente su vegetali e insetti; quando piove capita spesso di vedere diversi esemplari di questa specie attraversare le strade, dove purtroppo vengono frequentemente investiti dalle automobili.

Sottofamiglia Batagurinae

Comprende un solo genere di tartarughe terrestri.

Genere *Rhinoclemmys*

Include nove specie di tartarughe terrestri o semiacquatiche, diffuse dal Messico fino all'Ecuador e al Brasile. Si tratta di animali di dimensioni maggiori rispetto alle *Terrapene*, che risultano inoltre privi dell'articolazione del piastrone.
Le *Rhinoclemmys* sudamericane manifestano ai massimi livelli la tendenza, propria anche di altre tartarughe dell'America del Sud, di deporre un numero ridotto di uova, che sono però di dimensioni molto grosse. In alcune specie l'uovo può infatti arrivare a misurare anche oltre 7 cm di lunghezza e ciò è dovuto al fatto che nelle regioni tropicali gli esemplari giovani hanno maggiori possibilità di sopravvivenza quanto più grande e robusto è il loro corpo.

Rhinoclemmys aerolata
Si tratta di una specie propria delle regioni orientali del Messico, della penisola dello Yucatan, del Guatemala e del Belize. È particolarmente abbondante nell'isola di Cozumel.
Il carapace è bombato, con una carena dorsale di colore grigio o nero e con le placche cornee molto marcate.

Rhinoclemmys annulata
È una specie esclusivamente terrestre e propria delle coste pacifiche dell'Ecuador, della Colombia e di Panama. Le tartarughe che vi appartengono a volte si riuniscono nelle pozze formate dall'acqua piovana per bere. Sono essenzialmente vegetariane e in cattività dimostrano una spiccata preferenza per le banane.

Rhinoclemmys diademata
È una tartaruga onnivora e dalle abitudini semiacquatiche, presente esclusivamente nella parte occidentale del lago di Maracaibo. Sembra che in questa zona sia relativamente ab-

bondante; si è già riprodotta in cattività presso l'Istituto Roberto Franco di Villavicencio, in Colombia.

Rhinoclemmys funerea

Si tratta della specie più acquatica e di maggiori dimensioni di tutto il genere. È diffusa lungo le coste caraibiche del Nicaragua, del Costarica e di Panama, dove vive spesso in compagnia di grossi esemplari di *Chrysemys*. È una tartaruga erbivora, che si nutre sia in acqua sia sulla terraferma.

Rhinoclemmys melanostrena

Vive nella regione del Darién (Panama) e nella fascia settentrionale della Colombia e del Venezuela. Secondo alcuni autori si tratta di una sottospecie della *Rhinoclemmys diademata* e della *Rhinoclemmys punctularia*. È caratterizzata dal carapace di colore marrone scuro o nero e dal piastrone giallo con grosse macchie nere irregolari. La si trova con la stessa frequenza sia in acqua sia sulla terraferma.

Rhinoclemmys nasuta

È una tartaruga acquatica tipica dell'Ecuador nord-occidentale e della regione colombiana del Choco. Presenta una corazza molto simile a quella della specie precedente ed è di abitudini erbivore. Non sopravvive in cattività.

Rhinoclemmys rubida

Questa specie, decisamente terrestre, vive lungo le coste messicane del Pacifico. Si conoscono due sottospecie, ma si dispone di scarse informazioni circa la sua riproduzione e le sue abitudini alimentari.

Rhinoclemmys pulcherrima

Comprende quattro sottospecie, diffuse nel Messico settentrionale fino alla Costa Rica. Si tratta della specie più nota del genere. È riconoscibile per le striature rosse sulla testa e rosso-nere sulla coda e sugli arti, mentre il carapace è piuttosto arcuato e presenta disegni rossastri su fondo marrone. Durante i periodi di grande siccità può dirigersi verso l'acqua e rimanere semisommersa. Vive bene in cattività con una dieta onnivora.

Rhinoclemmys punctularia
È possibile osservarla a Trinidad, nelle Guiane e in Brasile. Presenta striature rosse sulla testa, mentre il carapace è nero o marrone scuro uniforme e il piastrone è nero con i bordi gialli. Si tratta probabilmente della tartaruga maggiormente diffusa nelle Guiane. Le femmine adulte si adattano difficilmente alla vita in cattività.

FAMIGLIA TESTUDINIDAE

È l'unica famiglia di Cheloni i cui appartenenti sono tutti di abitudini esclusivamente terrestri. Comprende un totale di dieci generi, distribuiti nelle regioni temperate e tropicali di tutti i continenti (esclusa l'Australia).

Genere *Arcinixys*

Comprende un'unica specie, *l'Arcinixys planicauda*, che vive esclusivamente nel Madagascar. Si tratta di una tartaruga di piccole dimensioni, che non supera i 13 cm di lunghezza e le cui grosse placche cornee presentano un'aureola gialla e il bordo dello stesso colore. Il piastrone è invece privo di pigmentazione, se si escludono alcune piccole macchie nere laterali. Anticamente era conosciuta con il nome di *Testudo morondavaensis*. Le sue abitudini sono pressoché sconosciute.

Genere *Chersine*

L'unica specie che vi appartiene, denominata *Chersine angulata*, è largamente diffusa in Namibia e nell'Africa del Sud, dove abbonda soprattutto in prossimità della fascia costiera della provincia del Capo. Il carapace è molto caratteristico e si distingue per le macchie nere di forma triangolare presenti sulle placche marginali e per l'ampio bordo, anch'esso di colore nero, sulle placche costali e vertebrali.
In cattività i maschi si dimostrano molto combattivi e aggressivi tra di loro. Le femmine depongono un solo uovo per volta durante il mese di agosto, che può schiudersi anche dopo quattro mesi. La dieta di questa specie è essenzialmente vegetariana.

Genere *Geochelone*

Si tratta del genere più ricco di specie, che vengono a loro volta raggruppate in sei sottogeneri.

Sottogenere *Geochelone*

Comprende due specie asiatiche e due africane; queste ultime sono di dimensioni maggiori.

Geochelone elegans (tartaruga stellata)
Si tratta di una specie relativamente piccola e molto bella, originaria dell'India e di Sri Lanka. Ognuna delle grandi placche del carapace è ornata da un appariscente disegno giallo a forma di stella su fondo nero. Fino a poco tempo fa era possibile trovare con una certa frequenza esemplari giovani di questa specie nei negozi di animali.
Nelle zone aride in cui vive, la sua colorazione le permette di mimetizzarsi perfettamente con la vegetazione secca. Questa specie depone le proprie uova durante la stagione delle piog-

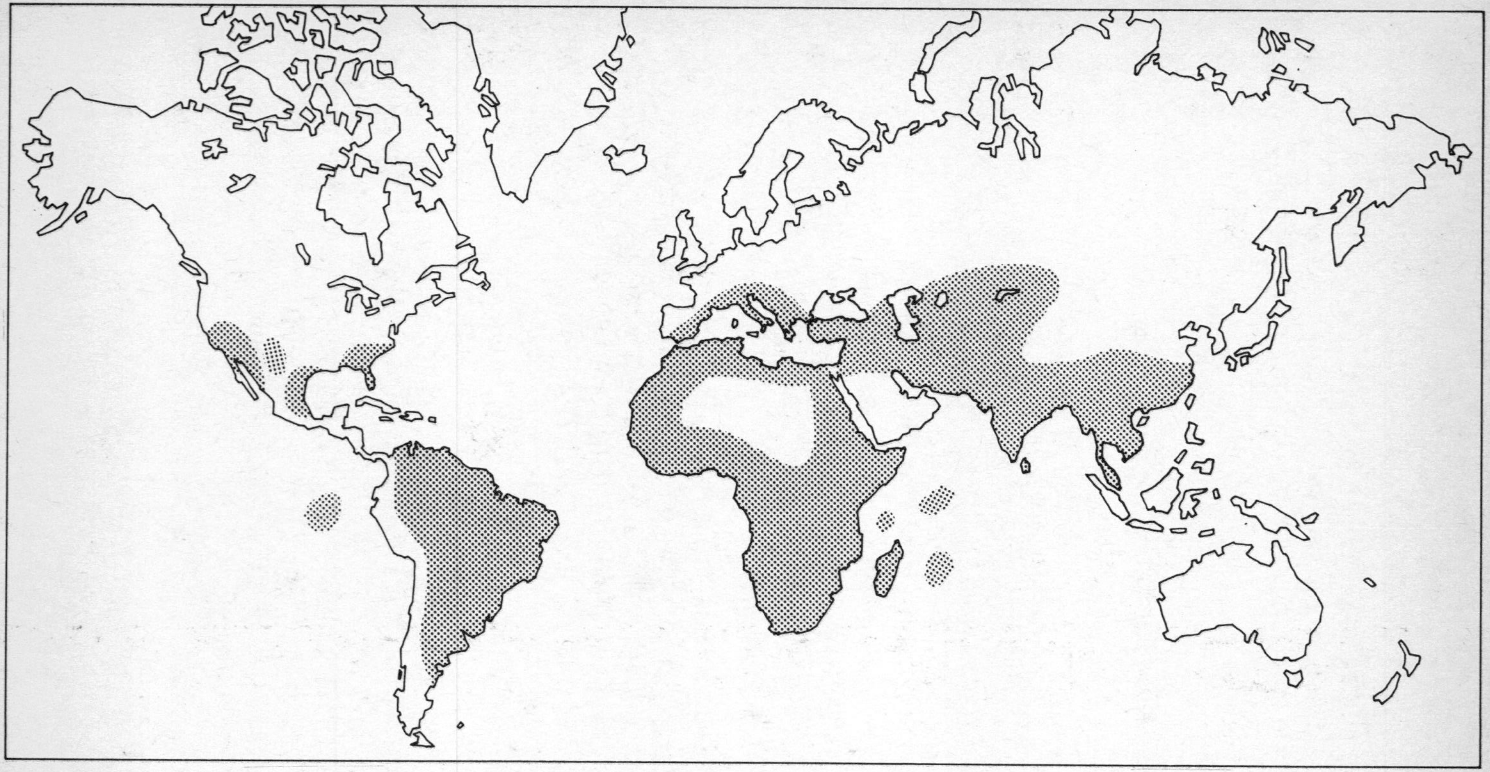

Distribuzione geografica della famiglia Testudinidae

ge e ha l'abitudine di orinare sul terreno per poter scavare più agevolmente il nido. Le uova deposte (da 3 a 6) presentano un guscio estremamente duro e resistente. Nei piccoli appena nati è assente il disegno stellato caratteristico della specie.

Geochelone pardalis
Questa tartaruga, di cui si conoscono due sottospecie, è largamente diffusa nell'Africa orientale e meridionale, dall'Etiopia al Sud Africa.
Può superare i 50 cm di lunghezza e il suo carapace è giallo punteggiato di nero. La sua alimentazione si basa essenzialmente su piante e frutti caduti dagli alberi.
Tra i suoi predatori si annoverano le iene e i leoni in età avanzata, ma anche gli sciacalli e alcuni rapaci. Nell'Africa meridionale gli esemplari di questa specie si accoppiano dopo le piogge primaverili, deponendo una dozzina di uova durante il mese di settembre o di ottobre.

Geochelone platynota
Si tratta di una specie quasi del tutto sconosciuta, originaria della Birmania settentrionale. Le dimensioni sono simili a quelle della *Geochelone elegans,* mentre il disegno è più semplice. L'estremità della coda ha una specie di unghia.

Geochelone sulcata
Questa specie, che può raggiungere anche i 70 cm di lunghezza, vive nelle regioni aride del Sahara meridionale, dove la sua sopravvivenza è garantita da una regola della religione musulmana, che ne proibisce il consumo alimentare. La sua pelle, estremamente impermeabile, la protegge dalla disidratazione. Il maschio è di dimensioni molto maggiori rispetto alla femmina e il suo piastrone è caratterizzato da una profonda concavità.

In cattività si nutre di qualsiasi tipo di vegetali. Ha l'abitudine di bere moltissima acqua.

Sottogenere *Aldabrachelys*

Di questo sottogenere solo una specie è sopravvissuta fino ai nostri giorni, mentre altre quattro sono scomparse nel corso degli ultimi due secoli.

Geochelone (Aldabrachelys) gigantea
Questa specie, originaria dell'isola di Aldabra (situata tra le coste del Kenia e l'estremità settentrionale del Madagascar), è l'unica sopravvissuta tra i cheloni giganti che nel passato popolavano gli arcipelaghi dell'Oceano Indiano. Verso la fine del XIX secolo alcuni esemplari furono esportati alle Seychelles con lo scopo di impedirne l'estinzione, dando così origine a una colonia riproduttiva ben insediata.
Nonostante il rischio di estinzione corso dalla specie ad Aldabra verso la fine del secolo scorso, attualmente si ritiene che il numero di esemplari presenti in questa piccola isola corallina sia (sulla base di alcuni studi di Jack Frazier) superiore alle 100.000 unità.
La riproduzione di queste tartarughe è stata studiata in diverse occasioni: sappiamo che l'accoppiamento ha luogo da gennaio ad aprile e che le uova, deposte in numero da 9 a 25, hanno le dimensioni di una palla da tennis e si schiudono dopo quattro mesi. I piccoli raggiungono 50 cm di lunghezza all'età di quattro anni, arrivando alla taglia massima di 100-125 cm verso i venticinque.
Sulla *Geochelone gigantea* si conoscono diversi aneddoti, il più noto dei quali è forse quello noto nell'isola di Sant'Elena, che racconta la storia di un esemplare regalato al governatore dell'isola nel 1776 e vissuto con Napoleone durante il suo esilio, morto infine cadendo da una scala nel 1877. La

tartaruga, che attualmente vive ancora a Sant'Elena, vi giunse nel 1882 e fu battezzata Johnatan dal governatore: nel 1969 incominciò a manifestare sintomi di vecchiaia, per cui il governatore delle Seychelles inviò al collega di Sant'Elena due esemplari giovani.

Sottogenere *Asterochelys*

Comprende solamente due specie di grosse dimensioni esclusive del Madagascar.

Geochelone (Asterochelys) radiata (tartaruga raggiata)
Con il suo disegno a stelle su fondo nero in corrispondenza delle placche costali e vertebrali è forse la più bella tra le tartarughe terrestri.
Vive nelle regioni aride del Madagascar meridionale, in aree in cui l'inverno può essere abbastanza freddo. Questa tartaruga, che raggiunge i 45 cm di lunghezza, si dimostra attiva soprattutto dopo le piogge. In cattività si nutre di vegetali, con una spiccata preferenza per il melone e il cocomero.
Un esemplare di questa specie fu regalato dal capitano Cook alla regina di Tonga nel 1773 e visse fino al 1966.

Geochelone (Asterochelys) yniphora
Il suo aspetto e le sue dimensioni sono simili a quelli della specie precedente, ma la colorazione tende maggiormente al marrone. Vive in alcune zone del Madagascar nord-occidentale ed è molto rara: si tratta probabilmente della tartaruga terrestre di cui è rimasto il minor numero di esemplari.

Sottogenere *Chelonoidis*

Comprende tre specie sudamericane e una, ricca di sottospecie, originaria delle Isole Galapagos.

Geochelone (Chelonoidis) carbonaria (tartaruga a zampe rosse)
Vive nella fascia settentrionale dell'America del Sud, fino al Paraguay, al Brasile meridionale e all'Argentina settentrionale. Può raggiungere i 55 cm di lunghezza e il suo carapace, profondamente solcato, è di colore nero con una macchia giallastra di forma quadrata al centro di ciascuna placca.
Il piastrone è invece di colore giallo con macchie scure e risulta concavo negli esemplari di sesso maschile.
Questa tartaruga preferisce abitare le macchie ricche di cespugli, nutrendosi dei frutti caduti a terra. Depone le proprie uova nel terreno, nascondendole con il fogliame.

Geochelone (Chelonoidis) chilensis
La denominazione *chilensis* è dovuta a un errore riguardo alla provenienza del primo esemplare descritto: la specie vive infatti in Paraguay, nell'Argentina centrale e nella Bolivia meridionale. Recentemente Marcos Freiberg ha pubblicato la descrizione di due sottospecie.
La *Geochelone chilensis* è caratterizzata da un carapace non molto bombato e di forma leggermente ovale. Raggiunge solo una lunghezza massima di 28 cm e le sue placche cornee sono di colore giallastro con bordo nero.
Questa tartaruga, attualmente esportata in Europa con una certa frequenza, si adatta bene alla vita in cattività e adotta le stesse abitudini delle *Testudo* dell'area mediterranea. Si tratta di una specie vegetariana.

Geochelone (Chelonoidis) denticulata (tartaruga denticolata)
Vive nell'America del Sud, dalla Colombia settentrionale alla Bolivia e al Brasile. Raggiunge i 67 cm di lunghezza e presenta una colorazione giallastra sulle zampe e marrone sul corpo, con macchie chiare al centro delle placche cornee. Le

sue abitudini e le modalità relative alla riproduzione sono simili a quelle della *Geochelone carbonaria.*

Geochelone (Chelonoidis) elephantopus (tartaruga gigante delle Galapagos)

La tartaruga gigante delle Isole Galapagos, con le sue tredici sottospecie diffuse in tutto l'arcipelago, è una delle tartarughe più note. Esemplari di questa specie sono presenti in tutti i giardini zoologici più importanti, dove attirano l'attenzione e affascinano chiunque le osservi. Per poter vedere invece queste tartarughe nel loro habitat naturale, non è sufficiente recarsi a visitare le Isole Galapagos (situate nel Pacifico equatoriale, a oltre 1.000 km dalle coste sudamericane), ma è necessario addentrarsi in inospitali zone di terreno lavico. In genere si uniscono in gruppi piuttosto numerosi in prossimità delle pozze d'acqua piovana che si formano all'interno dei crateri vulcanici delle isole.

Per realizzare alcune delle fotografie di *Geochelone elephantopus,* che corredano questo testo, mi sdraiai a terra a pochi metri da un grosso esemplare che procedeva in linea retta verso di me, tenendo la macchina fotografica a livello del terreno, in modo da poter cogliere nel miglior modo possibile l'impressionante aspetto di questa reliquia del passato.

Attualmente la Fondazione Darwin (che ha sede nell'isola di Santa Cruz, nell'arcipelago delle Galapagos) dispone delle strutture per poter riprodurre le diverse sottospecie di *Geochelone elephantopus* e ripopolare così le isole. Si tratta dell'unico sistema valido per fare in modo che gli insediamenti di tartarughe giganti tornino a essere quelli che esistevano prima che i pirati e i cacciatori di balene li portassero sull'orlo dell'estinzione, usandone la carne e l'olio.

Questi enormi rettili amano trascorrere lunghe ore semisommersi nelle pozze d'acqua piovana e divorare ogni tipo di vegetale trovino alla loro portata. Noi abbiamo avuto l'occa-

Nonostante le grosse spine, le foglie di Opuntia galapagoensis costituiscono una pietanza appetitosa per la Geochelone elephantopus.

sione di osservare alcuni esemplari mentre si cibavano delle enormi foglie del cactus *Opuntia galapagoensis*, senza curarsi minimamente delle grosse spine che le ricoprivano.
I maschi sono di dimensioni maggiori rispetto alle femmine e durante l'accoppiamento (che può avvenire in qualsiasi periodo dell'anno) emettono potenti sbuffi che, unitamente al rumore provocato dal cozzare delle due corazze, possono essere uditi a grande distanza.
Le uova deposte corrono il rischio di essere depredate da vari animali selvatici (maiali, capre ecc.) che popolano le isole, per cui vengono raccolte in gran numero e tenute in incubazione presso la Fondazione Darwin.

Sottogenere *Indotestudo*

Comprende due specie asiatiche, caratterizzate dal carapace leggermente schiacciato: questa particolarità è il risultato dell'adattamento alla vita in aree selvatiche.

Geochelone (Indotestudo) elongata (tartaruga dal naso rosso)
Vive nell'India nord-orientale, in Birmania, Tailandia, Laos, Cambogia e Vietnam, scegliendo in particolare le zone montuose e alimentandosi preferibilmente della frutta caduta al suolo.
Il carapace è di colore giallo con macchie scure al centro delle placche costali e vertebrali. La testa è priva di pigmentazione e può essere quasi bianchiccia.

Geochelone (Indotestudo) travancorica
Vive unicamente nello stato del Kerala, nell'India meridionale. Presenta notevoli similitudini con la specie precedente, ma è caratterizzata da una colorazione marrone più intensa.

Sottogenere *Manouria*

Comprende due specie asiatiche, considerate le più primitive tra tutte quelle giunte fino ai nostri giorni. Sono entrambe caratterizzate dal carapace largo e alquanto schiacciato.

Geochelone (Manouria) emys
Vive nell'Assam, in Birmania, in Tailandia, nella penisola malese, a Sumatra e nel Borneo, raggiungendo i 45 cm di lunghezza. Il carapace è marrone e può essere leggermente concavo in corrispondenza del centro di ogni placca costale.

Geochelone (Manouria) impresa
Raggiunge solo 25 cm di lunghezza e la sua area di diffusione corrisponde a quella della specie precedente, a eccezione dell'Assam e dell'Indonesia.
Il carapace è di colore marrone, con bordi e diramazioni di colore nero in ogni placca. Si tratta di una tartaruga molto rara, la cui biologia e le cui abitudini di vita sono praticamente sconosciute.

Genere *Gopherus*

Comprende quattro specie, diffuse esclusivamente nell'America settentrionale. Tutte sono strettamente terrestri e presentano il carapace piuttosto bombato.

Gopherus agassizi (tartaruga del deserto)
Raggiunge i 36 cm di lunghezza e vive nelle zone aride e ricche di cactus della California sud-orientale, del Nevada meridionale e del Messico. Si tratta di una tartaruga erbivora, che si nutre preferibilmente durante le prime ore del giorno o le ultime, rimanendo inattiva nelle ore più calde. In settembre si riunisce in gruppi numerosi per trascorrere il letargo fino al mese di marzo. Nidifica tra maggio e luglio, deponendo da 2 a 14 uova di consistenza dura e di forma sferica. La maturità sessuale viene raggiunta all'età di 15-20 anni.

Gopherus berlandieri (tartaruga del Texas)
Vive nelle zone asciutte e steppose del Messico settentrionale e del Texas meridionale, raggiungendo una lunghezza massima di 22 cm.
Si nutre di cactus e di piante grasse, deponendo le proprie uova (fino a 7 e di forma allungata) tra aprile e settembre. Raggiunge la maturità sessuale all'età di 3-5 anni.

Gopherus flavimarginatus
Vive nel Messico settentrionale e centrale, dove è conosciuta con il nome di "tortuga grande" o "tortuga llanera". La sua sopravvivenza è messa in pericolo dal deterioramento del suo habitat, provocato dall'allevamento e dall'agricoltura.

Gopherus polyphemus (tartaruga Gopher)
È originaria degli Stati Uniti sud-orientali e raggiunge i 37 cm di lunghezza. Come tutte le altre tartarughe dello stesso genere scava gallerie in cui nascondersi durante le ore più calde, coabitando occasionalmente con piccoli mammiferi, rospi, serpenti e diversi invertebrati. Da aprile a luglio depone 5-7 uova sferiche in un nido scavato fino a 13 cm di profondità.

Genere *Homopus*

È esclusivo dell'Africa del Sud e comprende quattro sole specie di piccola taglia.

Homopus aerolatus
Si tratta della specie più nota del genere ed è diffusa nelle regioni costiere della provincia del Capo, a sud del 32° parallelo. Abita le praterie e le zone con vegetazione a macchia, preferendo le aree più ombreggiate. Il suo carapace, che raggiunge solo i 13 cm di lunghezza massima, è piuttosto schiacciato dorsalmente e presenta una colorazione giallastra o verdognola. Diversamente da quanto accade nel caso di altre tartarughe, quando viene catturata non si ritrae nella corazza, ma agita violentemente le zampe.

Homopus boulengeri
Vive nella regione della provincia del Capo (Karoo) e il suo carapace, di lunghezza uguale a quello della *Homopus aero-*

latus, è di colore marrone e ancor più schiacciato. La femmina depone un unico uovo, che può raggiungere dimensioni corrispondenti al 40% del suo stesso corpo.

Homopus femoralis
Vive nell'Africa meridionale, nella provincia del Capo e nello Stato Libero d'Orange. Con i suoi 19 cm di lunghezza è la specie più grossa del genere. Le uova che depone presentano un guscio molto molle al momento della deposizione.

Homopus signatus
La si può trovare nella Namibia meridionale e nella zona occidentale della provincia del Capo. Si tratta di una delle più piccole tartarughe terrestri conosciute: misura infatti al massimo 12 cm di lunghezza, Il carapace è molto appiattito e presenta il bordo seghettato, mentre le placche sono ornate da striature concentriche.

Genere *Kinixys*

Originario del continente africano, il genere *Kinixys* è caratterizzato da una particolarità unica nelle tartarughe terrestri: il carapace articolato dorsalmente. L'articolazione, o cerniera, si trova situata tra il quarto e il quinto osso pleurale e il settimo e l'ottavo periferico, consentendo una chiusura della parte posteriore del carapace che garantisce la protezione delle zampe e della coda. Gli esemplari giovani sono privi di articolazione.

Kinixys belliana (tartaruga denticolata di Bell)
È largamente diffusa dal Senegal e dal Gambia fino all'Africa del Sud e comprende due sottospecie. La sua colorazione è estremamente variabile e l'orlo del carapace può essere se-

ghettato o meno. Anche l'altezza e il profilo possono variare sensibilmente da un'area geografica all'altra.
Questa tartaruga si nutre principalmente di frutti caduti e di funghi, dimostrando però di gradire anche le lumache terrestri. Recentemente ha cominciato a essere importata regolarmente in Europa con il curioso nome di "tartaruga del Pakistan".

Kinixys erosa (tartaruga denticolata africana)
È tipica dell'Africa centrale, dall'Uganda fino al Gambia, al Senegal e alla Guinea Equatoriale. Con i suoi 45 cm di lunghezza è la specie più grande del genere. È una tartaruga onnivora, che vive nelle zone selvatiche e paludose.

Kinixys homeana
Vive nell'Africa equatoriale occidentale ed è caratterizzata dal fatto di avere la parte posteriore del carapace quasi verticale. È capace di bere l'acqua piovana sollevando le estremità posteriori e ritraendo quelle anteriori, in modo che la pioggia che cade sul suo carapace venga canalizzata verso la bocca.

Genere *Malacochersus*

Comprende una sola specie, propria del Kenia e della Tanzania.

Malacochersus tornieri (tartaruga frittella)
Si tratta di una delle tartarughe più curiose e insolite. Il suo carapace è molto schiacciato e, a differenza di tutte le altre specie terrestri, è talmente molle da permetterle di infilarsi tra le pietre invece di ritrarsi in esso.
Può arrivare a misurare 20 cm di lunghezza e quando si aggira nelle aree rocciose spesso cade, rimanendo con le zampe

all'aria: questo fatto, che per altre tartarughe potrebbe essere fatale, non rappresenta un problema per la *Malacochersus tornieri*, che con i suoi lunghi arti può ricapovolgersi con facilità.
In natura si nutre di vegetali secchi, ma in cattività accetta anche ogni tipo di frutta. Tra luglio e agosto depone un solo uovo, che si schiude dopo poco più di quattro mesi.

Genere *Psammobates*

Comprende un totale di tre specie di tartarughe sudafricane, caratterizzate da disegni a forma di stella sul carapace.

Psammobates geometricus
Con una lunghezza totale di 18 cm è la specie più grossa del genere. Ognuna delle placche del carapace presenta una leggera aureola gialla. Gli esemplari giovani presentano invece una colorazione nettamente diversa da quella degli adulti. Vivendo in territori attualmente in via di forte sviluppo agricolo, la *Psammobates geometricus* rischia l'estinzione.

Psammobates oculifer
Vive nelle savane del Transvaal occidentale, dello Stato Libero d'Orange, del Botswana, della Namibia e dell'Angola. È facilmente riconoscibile per il bordo del carapace, marcatamente seghettato. Questo non è inoltre tanto arcuato come nella specie precedente e la sua colorazione giallastra è solcata da disegni neri stellati. Può raggiungere una lunghezza massima di soli 12 cm.

Psammobates tentorius
Le due sottospecie che comprende, largamente diffuse nell'Africa del Sud e in Namibia, presentano una tale varietà di

colorazioni da rendere difficile una corretta identificazione. Le placche del carapace sono notevolmente convesse e ornate da un disegno stellato giallo su fondo nero. Anche la *Psammobates tentorius* è in grado di bere l'acqua piovana, servendosi dello stesso sistema, già descritto, utilizzato dalla *Kinixys homeana*.

Genere *Pyxis*

Comprende una sola specie.

Pyxis arachnoides
Vive nell'estremità meridionale del Madagascar ed è caratterizzata dalla particolarità di essere l'unico testudinoide con articolazione piastrale. Il suo piastrone è infatti dotato di una cerniera che permette la chiusura del lobulo anteriore in modo simile a quello delle *Terrapene*, anche se meno perfetto. Il suo carapace è molto arcuato e di colore nero, con un disegno stellato e un profilo di colore giallo sulle placche vertebrali e costali.

Genere *Testudo*

Alla fine del secolo XVIII, ai tempi di Linneo, veniva inclusa nel genere *Testudo* la totalità delle tartarughe conosciute, mentre oggi vi appartengono solo quattro specie. Tutte vivono nel Vecchio Continente e si trovano distribuite nell'area mediterranea e nel vicino Oriente.

Testudo graeca (tartaruga greca)
Raggiunge una lunghezza di 35 cm e il suo carapace, non molto bombato, è di colore giallastro con le placche profilate di nero. Si distingue da altre specie simili per l'unica placca sopracaudale. Sono state classificate quattro sottospecie:

— *T.g. graeca,* diffusa in Spagna, in gran parte del Marocco e nella fascia costiera di Tunisia, Algeria e Libia;
— *T.g. ibera*, presente in Turchia, in Bulgaria, nella Grecia nordorientale e in Medio Oriente fino all'Iran;
— *T.g. zarudnyi*, diffusa nelle regioni orientali dell'Iran;
— *T.g. terrestris,* comune in Siria, in Israele, nel Sinai e nell'Egitto settentrionale fino alla Libia.

Gli insediamenti di *Testudo graeca* in Spagna si sono progressivamente decimati a causa del loro intenso commercio come animali domestici: oggi sono protette dalla legge e non possono più essere né catturate né esportate. Le uova (da 1 a 6) vengono deposte due volte tra maggio e giugno e si schiudono dopo 85 giorni.

Testudo hermanni (tartaruga di Hermann)
Viene spesso confusa con la specie precedente, dalla quale in effetti si differenzia per le sue placche sopracaudali e per una grossa squama all'estremità della coda. Si distinguono due sottospecie:

— *T.h. hermanni,* propria dell'Italia meridionale, della Sicilia, della Jugoslavia, dell'Albania, della Turchia europea, della Grecia e delle isole Egee;
— *T.h. robertmertensi*, diffusa in Spagna, nella Francia meridionale, nell'Italia nord-orientale, in Corsica e in Sardegna.

Il suo carapace, molto bombato, è di colore giallastro con le placche cornee profilate di nero. Vive nelle regioni litoranee, dove purtroppo è spesso vittima degli incendi forestali, tanto frequenti durante il periodo estivo. Sono stati a questo proposito osservati esemplari sopravvissuti anche con gravi ustioni e con il carapace notevolmente danneggiato. Rimane in letargo da novembre a febbraio, accoppiandosi tra aprile e maggio. Tra i neonati si registra un'altissima mortalità.

Testudo horsfieldii
È possibile trovarla in Afghanistan, in Pakistan e nell'Unione Sovietica fino al Kazahstan e alla costa settentrionale del Mar Caspio. È stata localizzata fino a una latitudine di 52° 30' N, per cui può essere considerata la tartaruga terrestre che raggiunge le terre più settentrionali.
La sua colorazione è scura e uniforme. Vivendo in steppe dove la temperatura si abbassa considerevolmente in inverno si è ben adattata al freddo e trascorre in letargo diversi mesi.
Nel corso degli ultimi anni moltissimi esemplari sono stati esportati in Europa per supplire al "vuoto di mercato" prodottosi con l'entrata in vigore delle leggi che proteggono la *Testudo graeca* e la *Testudo hermanni*.

Testudo marginata (tartaruga marginata)
La si trova nella Grecia meridionale e in Sardegna, località dove fu probabilmente introdotta. È la specie più grossa del suo genere e raggiunge la considerevole lunghezza di 30 cm.
Il carapace tende a essere più allungato rispetto alle altre specie e negli adulti presenta l'inconfondibile seghettatura del bordo posteriore.
Gli esemplari giovani possono essere molto simili a quelli della *Testudo graeca*, mentre gli adulti acquisiscono una colorazione molto più scura, a volte completamente nera.

Testudo kleinmanni
Vive in Libia e nell'Egitto settentrionale, comprendendo la parte settentrionale della penisola del Sinai. Si tratta di una specie molto piccola (raggiunge al massimo i 12 cm di lunghezza), caratterizzata da un carapace molto bombato e di colore giallastro con profili neri sulle placche.
Si adatta bene alla vita in cattività, ma richiede temperature più alte rispetto alle sue congeneri. Può vivere oltre i 20 anni.

La deposizione delle uova avviene tra maggio e giugno e i piccoli, che nascono tra ottobre e novembre, sono completamente gialli.
La *Testudo kleinmanni* possiede una caratteristica eccezionale: il suo piastrone è articolato e permette la chiusura del lobulo posteriore. È questo il motivo per cui alcuni autori suggeriscono di classificarla in un sottogenere a parte che riceverebbe la denominazione di *Pseudotestudo*.

LE TARTARUGHE IN CATTIVITÀ

a cura di Filippo Alberto Vaini

Le tartarughe sono tra gli animali preferiti dagli appassionati terrariofili e attualmente, pur nel rispetto delle leggi che regolano il divieto di commercio e di detenzione di molte specie protette, un discreto numero di esemplari interessanti proviene con regolarità da tutte le regioni del mondo.
Il successo che questi simpatici animali riscuotono tra gli adulti e i bambini deriva sia dalle caratteristiche di docilità, socievolezza e silenziosità, sia dalla longevità e dalla robustezza che dimostrano, se ben curate, anche in cattività, forse più che in natura.
Prima dell'acquisto di una o più tartarughe, un rapido esame di coscienza ci permetterà di valutare se siamo veramente intenzionati a dedicare cure e tempo a queste creature e se siamo in grado di fornire le strutture necessarie per garantire loro una vita dignitosa, nel rispetto delle loro necessità.
Nella scelta della tartaruga ricordiamoci che esistono, specialmente tra quelle palustri, delle specie più o meno mordaci. Sarà perciò preferibile indirizzarci verso qualche altro esemplare, specialmente se in casa ci sono dei bambini.
Se è nostra intenzione allestire un terrario che ospiti più tartarughe appartenenti a specie diverse, oppure se siamo già in possesso di uno o più animali e ne vogliamo acquistare altri, dobbiamo tener presente che queste bestiole possono anche convivere senza problemi, purché siano di dimensioni analo-

ghe e abbiano praticamente le stesse esigenze riguardo all'acqua e alla temperatura. A titolo indicativo possiamo, per esempio, considerare relativamente simili le tartarughe acquatiche provenienti dall'Europa, dall'America del Nord, dal cono dell'America del Sud, dall'Africa del Sud e dall'Australia meridionale.

Acquistandole dovremo verificare una serie di elementi.

1. *Le dimensioni del soggetto:*
   — valutare la taglia in rapporto all'età e alle dimensioni del terrario;
   — le tartarughe adulte sono più facili da allevare di quelle giovani.
2. *Lo stato di salute:*
   — carapace duro, senza crepe;
   — pelle senza ferite o infiammazioni;
   — occhi e palpebre senza tumefazioni;
   — peso considerevole rapportato alle dimensioni = animale non dimagrito.
3. *La vivacità:*
   — ritrae prontamente arti e testa, se stimolata;
   — posta sul dorso, tenta con decisione di rigirarsi;
   — afferrandola per una zampa posteriore, se ne può valutare la forza muscolare.

Durante i primi due o tre giorni dopo l'ingresso in casa le tartarughe possono rifiutare il cibo che viene loro offerto. Se esso corrisponde all'alimento al quale erano abituate presso il negoziante, si tratta soltanto di un breve periodo di adattamento. In caso contrario, in mancanza di indicazioni precise, è buona norma offrire un'ampia gamma di mangimi differenti, tra i quali verrà inevitabilmente fatta una scelta.

Se avremo acquistato esemplari di recente importazione sarà prudente, seguendo anche i consigli del negoziante, isolare i soggetti per un periodo di quarantena. Sulle modalità da seguire si rimanda al capitolo "Le malattie e la loro cura".

L'ALLEVAMENTO: PRINCIPI GENERALI

a cura di Filippo Alberto Vaini

In questo capitolo affronteremo alcuni concetti generali che riguardano l'allevamento di tutte le specie di Cheloni, siano essi terrestri o acquatici. Tralasciamo volutamente di trattare qui, ed anche in seguito, delle necessità ambientali e alimentari delle tartarughe marine. Infatti, come già evidenziato nel capitolo a esse dedicato, esistono grossi impedimenti al loro allevamento e i motivi sono presto detti: il divieto di cattura e detenzione di tutte le specie marine, che sono indistintamente protette, e l'impossibilità pratica per un privato di allestire un acquario con dimensioni simili a quelle di una grossa piscina, per non parlare della dieta estremamente specifica della quale necessitano.

IBERNAZIONE IN CATTIVITÀ

Come abbiamo già visto nel paragrafo sull' "Adattamento al clima", molte specie di tartarughe che vivono in natura in ambienti con forti sbalzi annuali di temperatura, in un certo periodo dell'anno entrano in letargo. Nei nostri climi il letargo è solo invernale; dovremo perciò procurare alle nostre bestiole differenti tipi di rifugio, a seconda della localizzazione del terrario e della varietà di tartarughe, terrestri o acquatiche.

• Se vengono mantenute libere in un ampio giardino, faranno tutto da sole e provvederanno loro stesse a nascondersi sotto terra verso la fine dell'autunno, per poi ricomparire soltanto a primavera.

• Se invece sono tartarughe terrestri ospitate all'aperto in un terrario circoscritto, dovranno poter disporre di uno spessore di terra sufficientemente profondo da permettere di scavare la tana invernale. Per facilitare il compito, potremo provvedere all'allestimento nel terrario di un rifugio costituito da una cassetta affossata completamente nel terreno e contenente terra sabbiosa e foglie secche. Sopra di essa andrà costruita una sorta di "casetta" di mattoni, ricoperta da una tettoia impermeabile.

• Le tartarughe terrestri mantenute in un terrario all'interno dell'abitazione non andranno in letargo spontaneamente, perché la temperatura ambiente non scenderà mai ai livelli critici necessari.
Esse però ci faranno capire le loro esigenze, compiendo qualche tentativo di scavare una tana. A questo punto prenderemo l'animale e lo porremo in una grossa cassetta riempita di foglie secche, trucioli di legno e paglia. Questo contenitore verrà messo su un balcone o in un sottoscala, al riparo dalle intemperie, e si attenderà che il calo di temperatura produca il suo effetto. Quando durante le periodiche visite per alimentare le bestiole ci renderemo conto che sono entrate in letargo, preleveremo la cassetta e la metteremo al buio, in un ambiente dove la temperatura sia compresa tra i 5° C e i 10° C. Le visite periodiche andranno continuate per verificare che tutto proceda per il meglio; è estremamente importante però che gli animali non vengano inutilmente disturbati. Se l'ambiente nel quale abbiamo riposto la cassetta è molto secco, per esempio

una cantina vicino alla caldaia per il riscaldamento della casa, dovremo ristabilire il giusto grado di umidità, perlomeno nel contenitore. Per far questo sarà sufficiente inumidire leggermente con un nebulizzatore la superficie della cassetta, ricordandoci di non esagerare e soprattutto di non innaffiare!
Dopo due o tre mesi, comunque non più di quattro, le tartarughe andranno svegliate. Prenderemo la cassetta e la riporteremo in casa, dove la temperatura più elevata stimolerà l'interruzione del letargo. Anche in questo caso potremo facilitare il risveglio bagnando lo strato superficiale del contenitore, simulando così le piogge primaverili che si manifestano in natura. Trascorse alcune ore, fino a un massimo di uno o due giorni, le tartarughe usciranno dalla loro tana. Prima di risistemarle nel terrario sarà opportuno procedere a un'operazione molto importante: il bagno reidratante. In una prima bacinella metteremo acqua tiepida (30° C), senza però riempirla, in modo che la tartaruga sollevando la testa possa respirare. Dopo questo bagno di pulizia trasferiremo l'animale in una seconda bacinella, sempre riempita al medesimo livello, contenente acqua leggermente salata (nella misura di 5 grammi di sale, ovvero 1 cucchiaino da caffè, ogni litro d'acqua). Con questo procedimento permetteremo che le nostre bestiole recuperino l'acqua e parte dei sali persi durante il letargo.

- Le tartarughe palustri, ospitate all'aperto in un laghetto naturale, ai primi rigori invernali provvederanno da sole a infossarsi sul fondo dello stagno o in qualche rifugio presso le rive.

- Alle tartarughe palustri ospitate all'aperto in un terrario artificiale con fondo duro, dovremo fornire delle cassette, come abbiamo già precedentemente descritto, riempite però di sabbia e fango. Sarà bene tuttavia utilizzare contenitori di plastica per evitare che l'umidità invernale faccia marcire le cassette interrate e ricoperte.

• Le tartarughe acquatiche mantenute in un terrario casalingo appartengono generalmente a specie che non richiedono un periodo di letargo, né del resto le variazioni di temperatura domestiche sono così elevate da indurle a ricercarlo. Eventuali sbalzi di temperatura andranno corretti con un adeguato uso dell'impianto di riscaldamento annesso al terrario (*vedi* "L'allestimento del terrario").

Nei periodi precedenti l'entrata in letargo, alle tartarughe dovrà essere offerta la possibilità di accrescere le riserve alimentari necessarie per il prolungato periodo di digiuno, in altre parole, di "ingrassare" un po'. Dall'inizio dell'autunno aumenteremo la quantità di alimento offerto, integrandolo anche con un complesso vitaminico.
Anche alla fine del periodo di ibernazione, dopo il risveglio, dovremo fornire una quantità di cibo più elevata del normale e anche più variata, per favorire il ripristino in breve tempo del peso abituale.
Per concludere questo importante capitolo sull'ibernazione in cattività, vogliamo offrire alcune **notizie utili** a chiarire eventuali problemi e incertezze:
— molto spesso le tartarughe giovani (1 o 2 anni) non dimostrano di voler andare in letargo; non preoccupiamoci e lasciamole nel terrario, ovviamente all'interno dell'appartamento;
— se una tartaruga non desidera andare in letargo e rimane completamente attiva, non forziamola, sarà lei stessa a farci capire ciò di cui ha bisogno;
— alcune tartarughe acquatiche, invece di cadere in letargo, entrano in un periodo di riposo più o meno com-

pleto, caratterizzato da assenza di movimenti e rifiuto del mangime; in questo caso sarà necessario ridurre il riscaldamento e l'illuminazione del terrario fino a che gli animali non abbiano ripreso la normale attività;

— le specie acquatiche tropicali rimangono attive tutto l'anno e si nutrono normalmente, purché la temperatura non si abbassi;

— tutte le tartarughe terrestri provenienti da regioni geografiche in cui la differenza tra le temperature stagionali è notevole, vanno in letargo; le specie tropicali rimangono attive tutto l'anno, per cui si dovrà garantire loro un sufficiente calore in inverno;

— anche se esistono diverse specie di tartarughe terrestri (per esempio le *Testudo horsfieldii*) che sopportano anche diversi gradi sotto lo zero, in inverno è consigliabile tenerle a temperature non inferiori a 5° C.

LA PULIZIA DEL TERRARIO

Le tartarughe sono animali che non creano grossi problemi di igiene e forse anche per questo motivo sono preferite dagli appassionati terrariofili. Se sono mantenute all'aperto in grandi terrari o giardino, non richiedono praticamente nessun intervento di pulizia; basta cambiare l'acqua che eventualmente si sia intorbidita. Una cura decisamente maggiore dovrà essere dedicata al terrario casalingo che ospita specie palustri. Le feci e i residui di cibo lasciati a lungo nell'acqua si decompongono e favoriscono l'insorgenza di eventuali malattie.

Oltre al frequente cambio dell'acqua, ogni tanto sarà necessario asportare le incrostazioni sul fondo e sciacquare a lungo la ghiaia e i sassi presenti all'interno. Per tutte queste operazioni di pulizia è consigliabile utilizzare solo acqua corrente, tralasciando l'uso di prodotti chimici o saponi, i cui residui potrebbero successivamente danneggiare gli animali.

L'IMPORTANZA DEL SOLE E DEL CALCIO

Come abbiamo già visto nei capitoli introduttivi, le tartarughe sono animali eterotermi, cioè dipendono dalla temperatura ambiente per la regolazione di quella corporea. Il metodo più efficace che tutti i rettili adottano per innalzare la propria temperatura e ottenere così un'attività metabolica più elevata è l'esposizione diretta ai raggi del sole. Ovviamente la radiazione solare non si limita solo a questo effetto, ma favorisce, per esempio, anche il mantenimento del carapace asciutto (situazione ottimale contro le parassitosi e le micosi: *vedi* oltre) e la guarigione di eventuali piccole ferite. Ma soprattutto, tramite la componente di raggi ultravioletti, permette la sintesi della vitamina D e, in definitiva, il corretto metabolismo del calcio e del fosforo, minerali fondamentali per questi animali dall'imponente struttura ossea.
Date queste premesse, sarà nostra premura concedere a qualsiasi tipo di tartaruga di giovarsi dei benefici effetti del sole, esponendo il terrario ai raggi diretti, possibilmente senza interposizione di superfici vetrate che bloccano gran parte delle radiazioni ultraviolette. In qualunque posizione il terrario sia sistemato, è assolutamente necessario che esista almeno una zona in ombra nella quale le nostre bestiole troveranno rifugio qualora la temperatura dovesse diventare eccessiva.
Una parziale alternativa ai bagni di sole è rappresentata dall'utilizzo della lampada a raggi ultravioletti. Questa verrà posizionata a circa 90 cm di distanza dalla zona do-

ve le tartarughe si radunano e accesa per 2-4 minuti due volte la settimana. Durante il periodo di accensione dovremo controllare che gli animali non manifestino alcun segno di disagio; se così fosse, sospenderemo la seduta e allontaneremo la lampada di un po' fino a che tutte le tartarughe si siano abituate a questo trattamento.
Per la corretta formazione e calcificazione della struttura ossea tutte le tartarughe, e questo vale ancora di più per gli esemplari giovani in accrescimento, necessitano di un'elevata quantità di sali di calcio e fosforo. Per le tartarughe acquatiche potremo collocare nel terrario uno o più ossi di seppia che esse potranno sgranocchiare a volontà o, in alternativa, un mucchietto di carbonato o solfato di calcio e di farina ossea. L'integrazione minerale per le tartarughe terrestri verrà fatta preferibilmente col mangime, utilizzando i prodotti specifici che esistono in commercio, o con la gelatina che viene consigliata più oltre, nel capitolo sull'alimentazione.

RISPOSTE AD ALCUNI QUESITI

• *Come maneggiare le tartarughe?*
Generalmente quasi tutte le tartarughe vanno maneggiate prendendole tra pollice e indice sui due bordi laterali del carapace, dove inizia il piastrone. Fanno eccezione le tartarughe azzannatrici (Chelidridi) da afferrare per la coda e quelle dal carapace poco ossificato, che andranno sostenute con le due mani nella parte posteriore del corpo.

• *Si possono lasciare le tartarughe libere in casa?*
No. Le tartarughe terrestri possono essere lasciate in condizioni di semilibertà solo se si dispone di un giardino o di un cortile adatto, dal quale non possano fuggire o in cui

non corrano il rischio di essere preda di cani, gatti o altri animali. All'interno di un appartamento il pavimento rappresenta il luogo meno appropriato per le passeggiate di una tartaruga: l'animale sarebbe infatti sottoposto alle correnti d'aria e alla presenza della polvere e correrebbe inoltre il rischio di essere calpestato o colpito dalle porte.

• *È possibile la coabitazione nello stesso acquario tra tartarughe e pesci?*
Questo dipende dal tipo di pesci e dal tipo di tartarughe. Le piccole *Crysemys* e altri Emididi possono, per esempio, condurre una convivenza pacifica con pesci quali i Ciclidi di media taglia. In ogni caso è meglio che il principiante non si cimenti in esperimenti di questo tipo, in quanto l'allestimento dell'acquario potrebbe comportare problemi più impegnativi.

• *Le tartarughe acquatiche mangiano le piante?*
La maggior parte delle tartarughe acquatiche è essenzialmente carnivora e si nutre di pesci, crostacei, molluschi ecc., ma a volte non disdegna di aggiungere alla propria dieta un apporto vegetale.

• *Quali tartarughe terrestri è possibile acquistare?*
Fino a pochi anni fa non era difficile vedere nei negozi di animali diversi esemplari di *Testudo graeca* e *Testudo hermanni*. Oggi la situazione è cambiata: a causa del divieto di far commercio di queste specie nostrane protette si importano tartarughe terrestri di diversa provenienza. Per un certo periodo di tempo si sono potute acquistare le *Testudo horsfieldii*, le *Kinixys* e molte specie del genere *Geochelone*, ora tutelate. Attualmente sono presenti sul mercato la *Terrapene carolina* e la *Terrapene ornata*, e, in alcuni casi, ancora alcuni esemplari delle specie protette prima menzionate. Come regola generale possono essere acquistate tutte a eccezione di quelle tutelate (*vedi* le tabelle re-

lative alle specie protette). Ricordiamo però che le specie più rare, oltre a essere molto costose, sono anche delicate e difficili da riprodurre.

• *Quali sono le tartarughe più simili alle nostre Testudo indigene?*
La *Testudo horsfieldii*, la *Geochelone carbonaria*, la *Geochelone chilensis*, la *Geochelone elongata* sono specie il cui aspetto è abbastanza simile a quello delle specie europee protette. Dal momento che provengono da regioni con un clima analogo al nostro, possono essere tranquillamente tenute in giardino.

• *Cosa fare se una tartaruga ha un "prolasso" dei visceri?*
Probabilmente non si tratta di prolasso dei visceri. Come abbiamo già accennato a proposito dell'anatomia di questi animali, l'organo genitale maschile è di dimensioni sproporzionatamente grandi e a volte può fuoriuscire per diverso tempo. Tutto questo è perfettamente normale, per cui non ci dovremo preoccupare né intervenire.

Alcuni esempi di tartarughiere della ENCIA S.p.A. - Udine

TABELLA RIASSUNTIVA PER L'ALLEVAMENTO DELLE PIÙ COMUNI TARTARUGHE TERRESTRI

Specie	*Temperatura*	*Umidità*	*Note*
Testudo hermanni			Allevamento più adatto all'aperto, in terrario o in libertà in giardino.
Geochelone carbonaria			Terrario tropicale, di dimensioni adeguate, anche all'aperto nei mesi più caldi.
Geochelone elegans		Elevata in estate	Terrario casalingo nei mesi freddi, all'aperto per il resto dell'anno.
Geochelone elongata	25°-30°C		Terrario con clima tropicale, con zone che presentino anche 40°C di temperatura.
Terrapene carolina	10°-39°C	40%-80%	Terrario con parte acquea considerevole; meglio l'allevamento all'aperto.
Terrapene ornata			Simile al terrario precedente, con umidità ambientale anche molto più ridotta.
Kinixys belliana		Elevata in estate	Terrario caldo-secco (in inverno), in estate all'aperto.

Specie	*Temperatura*	*Umidità*	*Note*
Kinixys erosa	25°-30°C		Terrario tropicale; la temperatura delle varie parti deve oscillare da 35°C (diurna) a 21°C (notturna).
Malacochersus tornieri			Terrario caldo-secco di cospicue dimensioni, con molte rocce piatte.

Tabella riassuntiva per l'allevamento delle più comuni tartarughe acquatiche

Specie	*Temperatura*	*Temperatura limite*	*Note*
Emys orbicularis			Meglio in stagno e terrario all'aperto; terrario casalingo non riscaldato.
Chrysemys scripta	25°-28°C	10°-37°C	Acquaterrario casalingo di 1 m x 50 cm; gli adulti anche all'aperto (stagni).
Chrysemys picta	20°-26°C	8°-37°C	Come la specie precedente, sopporta meglio le basse temperature.
Mauremys caspica			Acquaterrario casalingo molto grande, meglio se all'aperto o addirittura in stagno.

Specie	*Temperatura*	*Temperatura limite*	*Note*
Trionyx sinensis	24°-28°C (acqua)	Min. 24°C (aria)	Acquaterrario casalingo di medie dimensioni. Curare la pulizia e il cambio dell'acqua. Per gli adulti è meglio l'allevamento all'aperto.
Pelusios castaneus		Min. 22°C (acqua)	Acquaterrario di dimensioni adeguate.
Malaclemys terrapin			Acquaterrario di 1 m x 50 cm. Predilige l'acqua salmastra (aggiungere 5 g di sale ogni 5 litri di acqua).
Chelydra serpentina	18°-26°C (acqua)		Acquario casalingo di dimensioni adeguate, con parte asciutta pari al 10 %. Adulti all'aperto.
Graptemys kohnii	26°-28°C	Max. 31°C	Acquaterrario casalingo di 1 m x 50 cm, all'aperto durante la bella stagione.
Cuora amboinensis	24°-28°C (acqua)	Max. 30°C (aria)	Acquaterrario casalingo di 1 m x 50 cm.

L'ALLESTIMENTO DEL TERRARIO

a cura di Filippo Alberto Vaini

Come abbiamo già sottolineato, le tartarughe non andrebbero lasciate libere di gironzolare per la casa. Se tuttavia non è nostra intenzione allestire un terrario, dobbiamo almeno fornire all'animale un basso recipiente colmo di sabbia asciutta, una specie di vassoio di 70-80 cm, non più alto di 2 cm, dove volendo potrà salire per riposare su di un terreno un po' più naturale.

Per le tartarughe libere in giardino dovremo preoccuparci soltanto di recintare la parte a loro riservata, includendo in questo settore le zone di terreno da loro preferite (sassi e rocce), i ripari e l'abbeveratoio.

Per la **costruzione del terrario** è opportuno fare una preliminare, grossolana distinzione tra quello adatto a tartarughe terricole e quello per le tartarughe palustri. Nel primo caso potremo impiegare diversi tipi di materiali come pannelli di legno di varia natura (compensato, truciolato ecc.), lastre di vetro o plexiglas incollate o mantenute in posizione da un'intelaiatura di metallo o legno, cassoni prefabbricati di eternit. L'utilizzo del legno prevederà una o più mani di impermeabilizzazione con vernici atossiche, per impedire che l'umidità deformi col tempo le pareti e il fondo.

Le dimensioni del terrario sono ovviamente legate al numero e alla taglia dei rettili ospitati. Un valore approssimativo potrà essere determinato calcolando una lunghezza pari a 10 volte le dimensioni della tartaruga; la larghezza potrà variare dalla metà fino alla stessa misura della lunghezza, mentre l'altezza, per qualunque tipo di terrario, non dovrà essere inferiore a 40-50 cm, onde evitare indesiderate fughe. Le dimensioni minime non dovrebbero comunque scendere al di sotto del metro di lunghezza, anche per ospiti di minima taglia.

Per la costruzione di un acquaterrario dovremo invece impiegare materiali completamente impermeabili e facilmente lavabili. Il più indicato è senza dubbio il vetro, più fragile, ma meno costoso e meno facilmente rigabile del plexiglas. Ottimi risultati si ottengono utilizzando vasche realizzate per contenere pesci d'acquario, opportunamente riempite per metà di ghiaia, che, declinando, prosegue sul fondo nella parte colmata di acqua. Anche per questi tipi di acquaterrari valgono le dimensioni prima accennate per quelli in terra.

Per quanto riguarda l'**illuminazione** è già stata puntualizzata l'importanza di un adeguato apporto di luce solare. Non potendo collocare il terrario in una posizione abbondantemente illuminata dai raggi del sole, provvederemo utilizzando i vari tipi di lampade esistenti in commercio (ottime sono quelle impiegate in acquariofilia). Le più indicate sono quelle che emettono lo spettro completo di radiazioni, compresi i raggi ultravioletti. In alternativa si potrà anche far ricorso alle normali lampade al neon o a filamento. Utilizzando esclusivamente queste ultime, sarà però necessario l'acquisto supplementare di una particolare lampada a raggi UV. Raccomandiamo l'uso del tipo a bulbo (potenza massima 300 W); sono sconsigliabili le apparecchiature che si usano in acquario per la sterilizzazione dell'acqua e tanto meno i tubi al quarzo utilizzati per l'abbronzatura domestica, dato che emettono radiazioni.

Il **riscaldamento** del terrario può essere realizzato ponendo una resistenza (cavetto termico) sul pavimento del contenitore. A seconda della lunghezza del cavetto utilizzato otterremo temperature più o meno elevate. Per evitare che le tartarughe scavando incontrino la resistenza, dovremo considerare l'opportunità di allestire uno strato di fondo di maggiore spessore. Nel caso che il terrario sia di piccole dimensioni potremo utilizzare un riscaldamento dall'alto, con una lampada calorifica a raggi infrarossi (80-100 cm di distanza a seconda della potenza) o anche con le comuni lampade a bulbo per l'illuminazione, le quali, poste a poche decine di centimetri, irradiano contemporaneamente luce e calore.
Ricordiamo che il riscaldamento non deve assolutamente essere uniforme in tutto il terrario. Come avviene in natura, le tartarughe (e gli altri rettili) devono avere la possibilità di scegliere la temperatura per loro più adatta in ogni momento della giornata.
Mediante un appropriato uso di termostati e timer dovremo poi ricreare, nell'arco delle 24 ore e delle stagioni, quelle piccole o grandi variazioni di temperatura che, diverse per ogni specie, avvengono naturalmente nei vari habitat. L'entità di tali sbalzi potrà variare da una riduzione notturna del 50% per le specie che abitano ambienti desertici, a escursioni praticamente inesistenti per le specie equatoriali.
Per il riscaldamento dell'acqua negli acquaterrari utilizzeremo le resistenze stagne con termostato, che normalmente vengono impiegate in acquaristica.
I migliori **materiali per la preparazione del fondo** del terrario sono la sabbia silicea e la ghiaia di media granulometria (da 2 a 5 mm). Meglio evitare quelle materie, come la terra, che rassodandosi tendono a impedire la circolazione dell'aria e a favorire la putrefazione delle sostanze

organiche presenti (in particolare le feci e i residui alimentari non completamente rimossi).
Se non vorremo utilizzare i materiali già pronti e sterilizzati venduti nei negozi specializzati, sarà prudente sottoporli prima dell'impiego a un prolungato lavaggio con acqua bollente. Dopo che si saranno asciugati li passeremo nel forno della cucina per una casalinga ma radicale sterilizzazione (200° C per 15 minuti).
Per quanto riguarda lo spessore del fondo, senza scendere al di sotto dei 10 cm, dovremo creare un ambiente "mosso", con rilievi e depressioni.
Per l'**arredamento** del terrario potremo impiegare pietre e sassi di varie dimensioni, tronchetti d'albero, radici e mattoni, sempre tenendo ben presente che la forza muscolare delle tartarughe è, relativamente alle dimensioni, notevole e tale da causare spostamenti e crolli di infrastrutture troppo elaborate.
Per quanto concerne i vegetali, qualsiasi tipo di pianta sistemata nel terrario correrà il rischio di essere prima o poi danneggiata e utilizzata come alimento sia dalle tartarughe terrestri sia da quelle palustri. È comunque preferibile che vengano alloggiate nel loro piccolo vaso piuttosto che nel fondo del terrario.
Se è nostra intenzione popolare densamente un acquaterrario di dimensioni non cospicue, dovremo considerare l'opportunità di impiegare anche un **filtro** per la depurazione dell'acqua. Utilizzando uno dei molteplici modelli appositamente costruiti per gli acquari, eviteremo di cambiare l'acqua troppo spesso, eliminando così una noiosa incombenza per noi e un fastidio per i nostri ospiti. Almeno una volta alla settimana cambieremo un decimo dell'acqua, aspirandola dal fondo con un tubetto e asportando contemporaneamente anche tutti i rifiuti solidi e le feci presenti nella vasca.

L'ALIMENTAZIONE

a cura di Filippo Alberto Vaini

GENERALITÀ

La facilità con la quale le tartarughe vivono in cattività non può giustificare la mancanza di attenzione che spesso penalizza la cura dell'alimentazione; una dieta adeguata e correttamente bilanciata è invece fondamentale per soddisfare i fabbisogni nutritivi peculiari di ogni specie e per garantire il benessere di questi animali.
Chi ritiene di assicurare una lunga vita ai propri esemplari somministrando loro un po' di insalata (nel caso di specie terrestri) o l'apposito mangime (nelle specie acquatiche), è in grave errore. Per non parlare di chi, incoscientemente, crede che una zuppa di latte e pane sia quanto di meglio possa offrire a dei rettili.
È vero invece che qualsiasi alimento, di per sé adatto e appetibilissimo, non è in grado di soddisfare da solo tutte le esigenze nutrizionali di qualsiasi animale, tartarughe comprese. Da ciò deriva l'assoluta opportunità di mantenere una dieta varia, integrandola, qualora si rendesse necessario in momenti specifici o per soddisfare bisogni particolari, con gli opportuni preparati esistenti in commercio.
La frequenza con la quale le tartarughe vanno alimentate varia a seconda del momento stagionale (pre e post letargo) e soprattutto in relazione all'età dei soggetti. Se sono

in fase di crescita, il pasto andrà somministrato ogni giorno; per individui già adulti è preferibile inserire almeno un giorno di digiuno alla settimana.
Ricordiamoci inoltre di offrire il pasto sempre più o meno allo stesso orario e nella stessa posizione: in poco tempo le tartarughe lo impareranno e si raccoglieranno affamate in attesa del nostro arrivo.
A seconda dei tipi di alimento da somministrare, utilizzeremo vari accorgimenti per evitare che questo vada disperso. Per esempio, per i vegetali si possono utilizzare piccoli contenitori tipo mangiatoia. Pezzi di carne, insetti o altri alimenti consistenti potranno essere offerti singolarmente a ogni tartaruga, utilizzando una pinzetta o un pezzo di fil di ferro sul quale andranno infilzati. Nel caso di un terrario all'aperto o di tartarughe libere in giardino, presenteremo il cibo a mucchietti sul bordo dello stagno o in prossimità del contenitore dell'acqua.
Ricordiamoci che le tartarughe palustri si dimostrano spesso molto ingorde: assecondando questo loro atteggiamento, potremmo favorire un ingiustificato e pericoloso ingrassamento con possibili danni a carico del fegato.
La maggior parte delle tartarughe terrestri è prevalentemente vegetariana, mentre quelle acquatiche dimostrano una spiccata predilezione per le sostanze carnee, anche se in genere quasi tutte le specie non disdegnano un comportamento alimentare più vario.
Nell'alimentazione delle tartarughe terrestri le foglie di lattuga, i pomodori, le carote e gli altri ortaggi dovranno essere integrati con pezzetti di frutta (mela, banana, pera ecc.), evitando però gli agrumi che possono provocare diarrea. Molte tartarughe terrestri accettano anche riso bollito e fiocchi d'avena. Quando è possibile, è bene aggiungere al cibo anche dei lombrichi di terra, dei pezzetti di carne macinata e di fegato. Le fragole e i ribes sono tra

gli alimenti preferiti dalle *Terrapene*: faremo loro cosa gradita se nella stagione di maturazione di questi frutti gliene offriremo.

La dieta delle tartarughe acquatiche sarà costituita da pesce crudo, carne tritata, fegato, lombrichi, molluschi acquatici e terrestri, insetti adulti e larve, crostacei, foglie di lattuga, alimenti per cani e gatti, mangime liofilizzato specifico e, di tanto in tanto, un po' di frutta.

Per certe tartarughe decisamente carnivore, per esempio le *Chelydra serpentina* e le *Macroclemys temmincki*, dovremo procurare anche prede vive, come pesci, girini e rane.

Come integrazione a una normale alimentazione, per assicurare uno sviluppo sano e una perfetta crescita agli esemplari giovani di diverse specie acquatiche, consigliamo una **ricetta** molto semplice per preparare una gelatina da somministrare una volta alla settimana. Con questo composto si supplisce alle eventuali carenze nutritive anche di individui adulti e si ottiene una robusta salute. È molto indicato anche in caso di alimentazione forzata in periodi di convalescenza o malattia.

Ingredienti

70 g di pesce (fresco o surgelato) tritato
250 ml di acqua bollente
100 g di purè di pesce (lessato)
70 g di olio di fegato di merluzzo
50 g di gelatina incolore e senza aromi
50 g di farina di osso
1 cucchiaino di fosfato di calcio dibasico
20 gocce di colorante rosso per alimenti.

Preparazione

Si trita perfettamente il pesce con un frullatore e lo si miscela con l'olio di fegato di merluzzo. In un altro recipiente si scioglie la gelatina (in genere è in polvere) nell'acqua bollente, aggiungendovi poi l'impasto preparato con il pesce, quando sarà perfettamente amalgamata. Dopo aver mescolato accuratamente il tutto, si uniscono il purè di pesce, la farina di osso, il fosfato di calcio e il colorante. Il composto ottenuto va versato in un recipiente di plastica o nello stampo per i cubetti di ghiaccio e ricoperto con pellicola trasparente da cucina affinché non si disidrati, sistemandolo poi in frigorifero. La gelatina ottenuta deve essere tagliata a pezzettini e somministrata alle tartarughe, ricordando sempre di raccogliere gli avanzi.

Sistema corretto per praticare un'iniezione intramuscolare alla base della coda

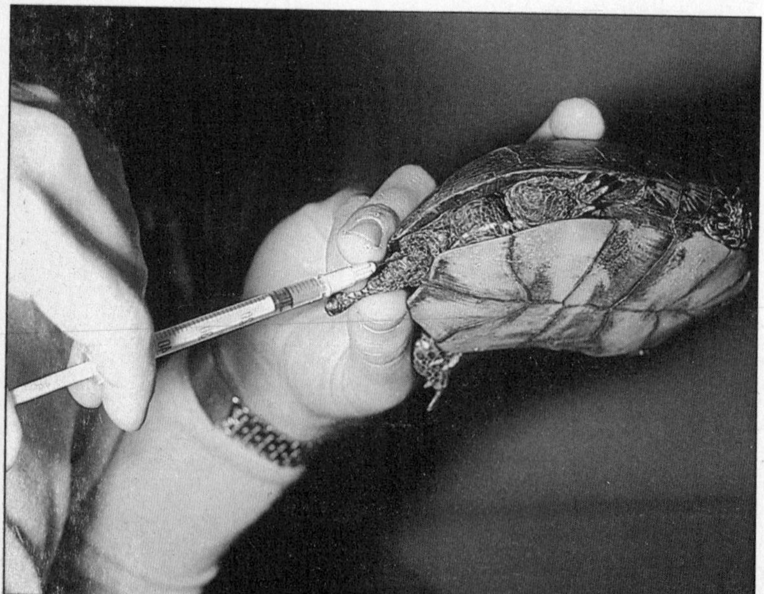

ALIMENTI UTILIZZABILI

Verdura: lattuga, piselli, cetrioli, carote, trifoglio, pomodori, cavoli, verze ecc. Vanno tutte bene, purché vengano lavate accuratamente per eliminare i residui di prodotti chimici. Contengono in abbondanza vitamine e sali minerali.

Frutta: mele, banane, pere, uva, fichi, prugne, melone, fragole, more ecc., purché ben mature e accuratamente lavate. Gli agrumi (arance, mandarini, pompelmi ecc.) andranno offerti solo se, dopo la prima volta, non avranno provocato diarrea. Anche in questi alimenti abbondano vitamine e sali minerali.

Pesci: vivi o morti, a pezzi o interi, a seconda del tipo di tartaruga. Importante è che siano crudi e completi, con squame, lische e interiora; solo così potremo dare le altre componenti alimentari presenti in questi organi, e non solo le proteine muscolari.

Molluschi: tutti quelli di acqua dolce, mitili e vongole, chiocciole e lumache terrestri. Vanno bene anche striscioline di seppia e calamaro. I gusci che vengono ingeriti contengono molto calcio.

Crostacei: anfipodi e isopodi d'acqua dolce, gamberetti. Sono ricchi di vitamina A.

Insetti: tutti, specialmente le grosse larve acquatiche di alcuni di essi. Adattissime anche le esche utilizzate dai pescatori (camole del miele, della farina ecc.).

Anellidi: si possono considerare quasi un alimento integrativo, data la ricchezza di elementi essenziali che contengono. In genere vanno tutti bene, in particolare i tubifex e i lombrichi di terra.

Carne: polpa rossa magra e fegato (di bovino) crudi, tagliati a striscioline o tritati. Sono ricchi di ferro e vitamine A, B, C.

Mangimi per tartarughe: da alcuni anni le principali case produttrici di alimenti per pesci d'acquario hanno realizzato anche quelli adatti alle tartarughe. Ricordiamo che, benché siano preparazioni bilanciate, questi alimenti, pur molto utili come complemento, non dovranno mai rappresentare l'unica fonte di alimentazione. Sono generalmente sotto forma di fiocchi disidratati che galleggiano sulla superficie dell'acqua.

Alimenti liofilizzati: facili da conservare (come i precedenti) sono molto appetiti dai pesci d'acquario e dalle tartarughe. Bisogna farli rinvenire in un po' d'acqua. Anche questi non possono rappresentare l'unica voce della dieta, ma vanno almeno accompagnati da un integratore vitaminico.

Alimenti per cani e gatti: diverse specie di tartarughe gradiscono molto i cibi preparati, comunemente venduti per i cani e per i gatti, che in effetti contengono, anche se forse non in modo perfettamente bilanciato per le esigenze delle nostre bestiole, tutte le sostanze necessarie a un sano sviluppo. Particolarmente gradite risultano essere le crocchette per gatti.

TABELLA RIASSUNTIVA PER L'ALIMENTAZIONE DELLE PIÙ COMUNI TARTARUGHE ACQUATICHE

Specie	*Verdura frutta*	*Pesci*	*Molluschi*	*Crostacei*	*Insetti*	*Anellidi*	*Carne*	*Mangime*	*Alimenti per cani e gatti*
Emys orbicularis	**/*	***	*	***	***	***		**	*
Chrysemys scripta	*/*	**	**	**	***	***	*	***	***
Chrysemys picta	***/**	**	**	**	***	***	*	*	*
Mauremys caspica	**/*	***	*	***	***	***	*	**	*
Trionyx sinensis	*/	***	***	***	*	***	[illegible]	[illegible]	[illegible]
Pelusios castaneus	**/**	***	***		***	***	[illegible]	[illegible]	[illegible]
Malaclemys terrapin		*	***	*	*	***	[illegible]	[illegible]	[illegible]
Chelydra serpentina		***	*	***	**	**	[illegible]	[illegible]	[illegible]
Graptemys kohnii	**/	***	**	**	**		[illegible]	[illegible]	[illegible]
Cuora amboinensis	***/***	**	**	**			[illegible]	[illegible]	[illegible]

LEGENDA: *** = molto appetito
** = appetito
* = accettato

TABELLA RIASSUNTIVA PER L'ALIMENTAZIONE DELLE PIÙ COMUNI TARTARUGHE

Specie	*Verdura frutta*	*Pesci*	*Molluschi*	*Crostacei*	*Insetti*	*Anellidi*	*Carne*	*Mangime*	*Alimenti per cani e gatti*
Testudo hermanni	***/***		***			***	*		
Testudo horsfieldi	***/***		***			***	*		
Geochelone carbonaria	***/***								
Geochelone elegans	***/***								
Geochelone elongata	***/**								
Terrapene carolina	***/***		***			***	*		
Terrapene ornata	***/***				***	***	**	**	
Kinixys belliana	***/**		***					**	
Kinixys erosa	***/	*			**	**	**		
Malacochersus tornieri	***/**								

LEGENDA: *** = molto appetito
** = appetito
* = accettato

LA RIPRODUZIONE

a cura di Filippo Alberto Vaini

Le tartarughe sane e ben nutrite non solo vivono a lungo, ma in opportune condizioni possono anche riprodursi. Ottenere questo evento in cattività è la miglior prova dell'idoneità delle cure prodigate.
Se le tartarughe sono tenute in giardino è molto probabile che depongano le uova senza che noi ce ne accorgiamo. Nel caso in cui riuscissimo a localizzare il nido, potremo circondarlo con una rete metallica leggermente interrata per evitare che i piccoli ci sfuggano dopo la schiusa. Il giorno in cui vedremo le tartarughine muoversi goffamente tra l'erba le raccoglieremo e le trasferiremo in un terrario, finché non saranno cresciute a sufficienza.
Le tartarughe acquatiche devono poter seppellire le proprie uova nella sabbia umida. Dal momento che in genere i terracquari non dispongono dello spazio sufficiente, si dovrà procedere al trasferimento delle uova in un'incubatrice il più tempestivamente possibile, maneggiandole con estrema cura e mantenendole nella stessa posizione in cui le abbiamo trovate. Capovolgendole potremmo infatti uccidere l'embrione, per cui è consigliabile segnare la parte superiore del guscio con una matita morbida e servirsi di ovatta per il trasferimento.
Il sistema migliore per realizzare un'incubatrice domestica è il seguente. Collocheremo le uova in una vaschetta di

plastica rivestita internamente di lana di perlon® (la stessa utilizzata per i filtri degli acquari) leggermente inumidita. Lasceremo poi galleggiare la vaschetta in un acquario riempito a metà di acqua a 30° C, affidando a un termostato il controllo della temperatura. L'acquario dovrà essere ben chiuso per conservare la giusta umidità all'interno e andrà mantenuto in un ambiente oscuro.
Questo sistema "a bagno maria" è molto efficace e il requisito più importante del metodo è comunque la pazienza, poiché in alcune specie il periodo di incubazione può superare anche i tre mesi.
I piccoli appena nati si dirigono subito verso l'acqua e durante i primi giorni di vita non assumono alcun alimento in quanto portano ancora il sacco vitellino fissato al piastrone. Successivamente potremo cominciare a nutrirli con dafnie e larve di chironomidi.

Dati sulla riproduzione delle più comuni tartarughe terrestri

Specie	*Maturità sessuale in anni*	*Note caratteristiche*
Testudo hermanni	M 3-5 F 8-12	L'accoppiamento avviene al risveglio dal letargo invernale; la deposizione delle uova dopo tre mesi e la schiusa alla fine dell'estate.
Geochelone carbonaria		La deposizione delle uova in estate, anche sul terreno.
Geochelone elegans		In natura si riproduce da giugno a ottobre, schiusa dopo 3-5 mesi.
Geochelone elongata		In natura la riproduzione è tra novembre e gennaio.
Terrapene carolina	M 5-7 F 5-7	Periodo riproduttivo da maggio a luglio. Lo sperma recepito dalla femmina rimane vitale per 4 anni.
Terrapene ornata	M 8-10 F 8-10	Simili alle precedenti
Kinixys belliana	M 10 F 15	In natura si riproduce nel periodo delle piogge, deponendo da 1 a 3 uova.

Specie	*Maturità sessuale in anni*	*Note caratteristiche*
Kinixys erosa	M 10 F 15	Il periodo riproduttivo inizia ad aprile con deposizione di 4 uova.
Malacochersus tornieri		Deposizione in piena estate. La schiusa dell'unico uovo avviene anche dopo 6 mesi.

DATI SULLA RIPRODUZIONE
DELLE PIÙ COMUNI TARTARUGHE ACQUATICHE

Specie	*Maturità sessuale in anni*	*Note caratteristiche*
Emys orbicularis	M 6-12 F 15-18	L'accoppiamento avviene in marzo-aprile, solo se le condizioni sono simili a quelle naturali. Difficile l'allevamento dei piccoli.
Chrysemys scripta		Accoppiamento in marzo-giugno; entro luglio deposizione (fino a 23 uova); dopo 8-10 settimane la schiusa. Facile la deposizione di più serie di uova.
Chrysemys picta	M 2-5 F 4-7	Vedi specie precedente.

Specie	*Maturità sessuale in anni*	*Note caratteristiche*
Mauremys caspica		In tarda primavera con condizioni simili all'*Emys orbicularis*.
Trionyx sinensis		Accoppiamento all'inizio dell'estate; dopo 15 gg. deposizione delle uova (fino a 50). Possibili ulteriori deposizioni. Molto rapida la schiusa (1 mese).
Malaclemys terrapin	M 6 F 7	Deposizione in tarda primavera-estate. Fino a 5 serie di uova. Schiusa dopo 8-15 settimane.
Chelydra serpentina		Periodo variabile a seconda dell'habitat. Possibile la deposizione anche negli anni successivi all'unico accoppiamento.
Graptemys kohnii		A tarda primavera l'accoppiamento; in estate la deposizione; schiusa dopo 3 mesi.
Cuora amboinensis		Accoppiamento in primavera; deposizione in giugno; schiusa dopo 15 settimane.

LE MALATTIE E LA LORO CURA

a cura di Filippo Alberto Vaini

Come tutti gli esseri viventi, anche questi rettili possono essere colpiti da svariate forme patologiche. La maggior parte delle malattie che affliggono le tartarughe in cattività sono causate da deficienze ambientali (temperatura sbagliata, acqua sporca, scarsa luce solare ecc.) o nutritive (dieta poco varia, carenza di vitamine e di calcio ecc.). Al momento di acquistare una tartaruga dovremo quindi osservare attentamente le sue condizioni e quelle del terrario in cui viene tenuta nel negozio (l'odore che emana può dare una chiara idea dello stato di manutenzione e dell'igiene), in modo da evitare a priori eventuali problemi.

DECALOGO DI PROFILASSI

Qui di seguito presentiamo un sintetico elenco di avvertenze, che, se scrupolosamente osservato, ci permetterà di allontanare dalle nostre bestiole la maggior parte degli eventi patologici a cui sono soggette, o perlomeno di attenuarne gli effetti.

1. *Osservare attentamente il comportamento.*
   La conoscenza del comportamento delle tartarughe ci permetterà di scoprire al loro insorgere i primi sintomi di malessere.

2. *Creare un ambiente adeguato alle esigenze della specie.* Sono importanti soprattutto la temperatura e l'umidità, che andranno opportunamente variate secondo cicli giornalieri e stagionali.
3. *Utilizzare rocce e altri materiali non troppo abrasivi.* A lungo andare il continuo sfregamento può provocare fastidiose piaghe al piastrone.
4. *Effettuare una corretta alimentazione.* Un regime alimentare scadente e squilibrato può essere la causa di circa l'80% delle patologie riferibili alle tartarughe.
5. *Fornire un adeguato apporto di radiazioni solari (UV).* Naturali, o in alternativa artificiali, sono indispensabili per il metabolismo del calcio e del fosforo.
6. *Evitare il più possibile i fattori stressanti.* In qualsiasi animale, uomo compreso, col tempo lo stress diminuisce l'efficace risposta corporea alle sollecitazioni ambientali.
7. *Effettuare sempre la quarantena.* Un periodo di isolamento e osservazione di almeno due settimane permetterà l'evidenziazione di eventuali malattie in incubazione.
8. *Osservare un'adeguata pulizia.* Condizioni di sporcizia favoriscono la proliferazione di imponenti colonie di microbi.
9. *Cambiare di frequente l'acqua.* Specialmente in caso di malessere di qualche esemplare è opportuno aumentare il ritmo di sostituzione dell'acqua, che rappresenta un elemento ideale per la diffusione dei microrganismi. È comunque buona norma che il ricambio avvenga frequentemente.
10. *Impedire il letargo se non sono in buona salute.* Il calo di attività metabolica impedisce al corpo di di-

fendersi dagli agenti patogeni. Spesso tartarughe che entrano in letargo appena raffreddate si aggravano e muoiono.

QUARANTENA

È una misura di profilassi che consiste nell'isolare un animale di nuovo acquisto, verificando col passare del tempo che non si manifestino segni di malattia. Viene altresì messa in atto quando un animale presenta sintomi di malessere ed è perciò necessario separarlo dagli altri.
Il periodo minimo di isolamento è di 15 giorni, ma un lasso di tempo di tre o quattro settimane offrirà maggiori garanzie.
Durante la quarantena le tartarughe andranno osservate spesso e a lungo, cercando così di cogliere i primi eventuali sintomi e le alterazioni di comportamento caratteristici di molte malattie.
Effettuato tutto quanto in nostro potere per evitare eventi patologici, può comunque accadere che una malattia venga a minacciare l'esistenza delle nostre bestiole.

LE PIÙ COMUNI FORME PATOLOGICHE

Trattiamo qui di seguito delle malattie cui sono più facilmente esposte le tartarughe terrestri e acquatiche.

Alterazioni della corazza

Rammollimento
— cause: carenza di calcio e vitamina D (malattia dietetica);

— sintomi: rammollimento del piastrone e successivamente anche del carapace;
— terapia: alimenti ricchi di calcio, integratori minerali e vitaminici, bagni di sole.

Marciume del carapace
— cause: lesioni di varia origine che si sono infettate;
— sintomi: marcescenza e croste sulla sommità del carapace;
— terapia: accurata detersione delle lesioni, attenta asportazione delle croste, frequenti pennellature con sostanze astringenti e antimicrobiche (tintura di iodio, mercurocromo®).

Necrosi della corazza
— cause: lesioni traumatiche infettate da particolari agenti microbici;
— sintomi: ulcerazioni e necrosi superficiali della corazza, andamento cronico;
— terapia: eliminare le occasioni di traumatismo, terapia locale con tintura di iodio e pomate antibiotiche.

Perdita di squame
— cause: infezioni batteriche, micosi, deficienze alimentari;
— sintomi: perdita di squame più o meno diffusa;
— terapia: pennellature con glicerina iodata, integrazione alimentare con sali e vit. A e D, bagni di sole.

Difetti di calcificazione e malformazioni
— cause: carenze alimentari (calcio, vit. D), acqua del terrario troppo acida;
— sintomi: alterazioni della corazza;
— terapia: integrazione alimentare con calcio e vit. D, bagni di sole, correggere l'acidità dell'acqua con bicarbonato di calcio.

Lesioni, piaghe

— cause: azioni meccaniche ripetute;
— sintomi: ferite sul carapace e piaghe sul piastrone con possibile rischio di infezione;
— terapia: detersione con acqua ossigenata e pennellature con tintura di iodio.

Decolorazione

— cause: nelle tartarughe acquatiche può essere provocata da acqua con troppo cloro; carenze alimentari;
— sintomi: sbiadimento dei colori della corazza;
— terapia: utilizzare acqua declorata; integratore vitaminico.

Fratture

— cause: cadute dall'alto, schiacciamento;
— sintomi: linee di frattura più o meno evidenti;
— terapia: accostare i margini e immobilizzare con strisce di cerotto; intervento veterinario.

Patologia oculare

Congiuntivite

— cause: polvere eccessiva; si riscontra di frequente al risveglio dal letargo;
— sintomi: infiammazione ed essudazione dalla rima palpebrale;
— terapia: lavaggi con acqua tiepida salata o con acqua borica e instillazioni di alcune gocce di collirio.

Infiammazione della ghiandola di Harder

— cause: incerte (eccesso di cloro, carenza di vit. A, condizioni ambientali inadatte);
— sintomi: degenerazione delle palpebre che diventano dure e biancastre, cecità secondaria; sono colpite prevalentemente le tartarughe della famiglia *Emydidae*;

— terapia: integrazione con vit. A (1200 U. x i.m.), pomata antibiotica locale; eliminazione delle cause predisponenti.

Parassitosi

Miasi

— cause: larve di mosca da uova deposte nella regione cloacale;
— sintomi: piaghe e infiammazioni cutanee;
— terapia: detersione e applicazione di antisettici locali.

Zecche e sanguisughe

— cause: le prime in tartarughe terrestri, le seconde in quelle acquatiche;
— sintomi: debolezza, piccole lesioni nelle parti molli;
— terapia: per le sanguisughe favorire il distacco con bagni salati al 3‰; per le zecche utilizzare gocce di trementina o olii di varia natura (vaselina).

Micosi

— cause: funghi;
— sintomi: macchie bianche sulle zampe, parti molli, corazza;
— terapia: pennellature antimicotiche, disinfezione del terrario.

Amebiasi

— cause: protozoi con localizzazione intestinale;
— sintomi: debolezza, diarrea, disidratazione;
— terapia: soluzioni reidratanti, metronidazolo 50 mg/kg x 7 gg. e emetina idrocloruro 0,5 mg/kg x 10 gg.

Verminosi

— cause: Nematodi cilindrici, Cestodi piatti a nastro, biancastri;

— sintomi: lieve indebolimento, vermi nelle feci;
— terapia: tiabendazolo, niclosamide; pulizia del terrario.

Patologia gastro-enterica

Stomatite micotica
— cause: fungo di colore giallastro;
— sintomi: difficoltà di alimentazione e respirazione;
— terapia: attualmente inefficace.

Ostruzione intestinale
— cause: corpi estranei (pietre, sabbia);
— sintomi: anoressia, difficoltà di defecazione, alla palpazione si avvertono masse dure nella regione pre-cloacale;
— terapia: clistere e/o somministrazione orale di olio minerale; intervento veterinario.

Stipsi
— cause: alimentazione poco adatta, asciutta; sono colpite specialmente le tartarughe terrestri;
— sintomi: difficoltà di defecazione, feci dure;
— terapia: alimenti vegetali (lattuga), bagni di acqua tiepida.

Diarrea
— cause: alimentazione errata, frutta acerba;
— sintomi: feci fluide con alimento indigerito;
— terapia: digiuno per qualche giorno, dieta più adatta.

Patologia respiratoria

Raffreddamento
— cause: correnti d'aria, temperatura ambientale inadatta;

— sintomi: inappetenza, scolo nasale e lacrimale; facilmente può peggiorare (polmonite);
— terapia: ricovero in ambiente riparato con temperatura ottimale, dieta più variata.

Polmonite
— cause: raffreddamento iniziale non trattato; più colpite le tartarughe acquatiche;
— sintomi: inappetenza, difficoltà respiratorie, scolo nasale, affanno;
— terapia: aumentare la temperatura dell'acqua (30° C), antibiotici, vitamine.

Altre patologie

Setticemia
— cause: ferite infette, alimento contaminato ecc.;
— sintomi: anoressia, torpore, tendenza all'isolamento; da non confondere con tentativi di letargo;
— terapia: soluzioni elettrolitiche, antibiotici, alimentazione varia.

Ferite e piaghe
— cause: aggressioni di cani, gatti, uccelli; lotte tra tartarughe;
— sintomi: evidenti lacerazioni;
— terapia: intervenire prontamente: isolamento del soggetto, pulizia del terrario, detersione con acqua ossigenata e tintura di iodio, somministrazione di eventuali antibiotici per via generale.

Noduli e ascessi
— cause: carenze vitaminiche (vit. E), neoplasie, infiammazioni localizzate ecc.;
— sintomi: noduli giallastri sottocutanei, granulomi, masse di varia consistenza e localizzazione;

— terapia: integrazione con vit. E; intervento veterinario (svuotamento degli ascessi, esame bioptico della neoformazione).

Ascesso auricolare
— cause: accumulo di essudato nel condotto uditivo;
— sintomi: difficoltà di movimento del capo, ascesso localizzato;
— terapia: intervento veterinario (incisione, medicazione, eventuale sutura).

Rachitismo
— cause: carenza minerale (calcio, fosforo) e di vit. D;
— sintomi: crescita non regolare, corazza molle, difficoltà di movimento;
— terapia: efficace se iniziata al più presto: alimenti ricchi di calcio, integrazione minerale e vitaminica, bagni di sole.

Ritenzione di uova
— cause: eccessivo volume, inerzia uterina;
— sintomi: malessere, dolore; evidenziazione mediante indagine radiografica;
— terapia: clistere con olio minerale; intervento veterinario.

Salmonellosi

Una trattazione a parte, appena più approfondita, è necessaria per la salmonellosi.
Specialmente le tartarughe acquatiche allevate in stagni contaminati da scarichi domestici, e ciò accadeva spesso negli U.S.A. da dove provenivano alcune specie di Emididi, possono essere veicolo di vari germi patogeni per l'uomo. Tali batteri, appartenenti alla famiglia delle *Enterobatteriacee*, possono provocare disturbi di diverso genere,

dalle enterocoliti alle infezioni urinarie e genitali. Attualmente più accurati controlli sulle fasi di allevamento e di importazione di queste tartarughe hanno limitato la possibilità di diffusione di tali patologie, tranquillizzando perciò anche gli acquirenti, allarmati dai pericoli che una piccola tartaruga poteva portare con sé in casa.
Poiché le precauzioni non sono comunque mai eccessive, sarà sufficiente adottare alcune banali norme di igiene (lavarsi le mani dopo la manipolazione delle tartarughe, evitare contatti tra le sostanze alimentari e il terrario, educare i bambini al rispetto di tali regole ecc.) per impedire la diffusione di questi germi.

REGOLE TERAPEUTICHE

Esistono alcune regole generali che è necessario siano a conoscenza di chiunque si appresti a effettuare interventi terapeutici sugli animali e in particolare sulle tartarughe.

1. Porre l'animale malato in un ambiente riscaldato. Ciò favorisce il mantenimento di un'elevata attività metabolica, fondamentale per combattere la malattia. Aumentare progressivamente la temperatura di 3°-4°C per giorno fino a raggiungere i 35°-45°C.
2. La somministrazione orale di farmaci può risultare difficoltosa. Se l'appetito è mantenuto, conviene miscelare il medicamento con il mangime; in caso contrario, dopo aver delicatamente aperto la bocca dell'animale con un legnetto smussato, introdurre il farmaco allo stato liquido mediante un contagocce. Evitare pastiglie e polveri, data la facilità con la quale le tartarughe soffocano.
3. Le iniezioni sottocutanee andranno effettuate alla base degli arti, dove la pelle forma delle pieghe, utilizzando

aghi molto sottili. Quelle intramuscolari, sempre con aghi sottili, si praticheranno nei muscoli della coscia.

4. Non disinfettare la sede di inoculazione con i prodotti comunemente utilizzati (alcol, benzalconio ecc.) in quanto possono risultare tossici, se assorbiti.
5. L'alimentazione forzata di animali debilitati potrà essere più facilmente realizzata utilizzando una preparazione alimentare in forma di gel (*vedi* "L'alimentazione"), di più agevole somministrazione e di più difficile rigetto da parte dell'animale.
6. Nel caso che le terapie non sortiscano effetto positivo e l'animale vada peggiorando, possiamo abbreviare l'inevitabile e doloroso lungo periodo di decadimento, ricorrendo all'eutanasia. La tecnica meno cruenta è rappresentata da una iniezione intraperitoneale (ago infisso in profondità dalla base degli arti posteriori, sotto il carapace) di una dose elevata di barbiturici.

Tabella dei farmaci più comunemente utilizzati per la terapia delle tartarughe

Prodotto	*Modalità di somministrazione*	*Frequenza*	*Dose*
Antibiotici			
Ampicillina	S.C./I.M.	1-2/die	3-6 mg/kg
Cloramfenicolo	S.C./I.M.	2-4/die	10-15 mg/kg[1]
Gentamicina (solfato)	S.C./I.M.	2 il I g. 1 i gg. succ.	4 mg/kg ogni volta[2]
Ossitetraciclina (cloridrato)	I.M.	1/die	6-10 mg/kg[3]
Penicillina G (potassica)	S.C./I.M.	1/die	10.000 U/kg[4]
Streptomicina (solfato)	S.C./I.M.	2/die	6 mg/kg[5]
Cortisonici			
Desametazone	S.C.	in caso di shock	0,10 mg/kg
Vermifughi			
Piperazina (citrato)	OS	1 + 1 (dopo 15 gg.)	50 mg/kg
Niclosamide	OS	1 (se necessario, ripetere dopo 30 gg.)	150 mg/kg
Tiabendazolo	OS	1 (se necessario, ripetere ogni settim.)	50 mg/kg
Vitamine			
A,D,E	S.C.	2/settimana	5.000/ 50.000 U.
Complesso B	S.C.	1/die	0,5 ml/kg
Integratori minerali			
Fosfato di calcio dibasico	OS	ogni pasto, se necessario	1 cucchiaino
Farina di osso	OS	ogni pasto, se necessario	1 cucchiaino
Terapia infusionale			
Soluzioni elettrolitiche	S.C.	se necessario, per terapia reidratante	1-10 ml/kg
Soluzioni energetiche e aminoacidiche	S.C.	se necessario, associato a terapia specifica	1-10 ml/kg

Prodotto	*Modalità di somministrazione*	*Frequenza*	*Dose*
Terapia locale con antisettici e disinfettanti			
Betadine® (pomata e soluzione)	Seguire le modalità indicate nel prodotto		
Cloramfenicolo (polvere antibiotica)	"		
Furacin® (pomata e soluzione)	"		
Gentalyn® (crema e pomata)	"		
Mercurocromo® (soluzione)	"		
Tintura di iodio (soluzione)	"		
Anestetici Ketamina (idrocloruro)	S.C.	per interventi chirurgici	22-44 mg/kg (incl. peso guscio)

LEGENDA

S.C. = sottocute
I.M. = intramuscolo
OS = per via orale
® = specialità medicinale
Per calcolare la dose, dividere per due il peso della tartaruga
[1] *In dosi refratte. Da non usare in presenza di patologie epato-renali o di disidratazione.*
[2] *Vedi nota 1.*
[3] *Può determinare reazione nel punto di inoculazione.*
[4] *Ad alte dosi può causare arresto cardiaco a causa dello ione* K^+.
[5] *Vedi nota 1.*

N.B. Per ulteriori avvertenze e controindicazioni, fare riferimento alle istruzioni riportate sul foglietto illustrativo allegato alle specialità medicinali.

LEGGI PER LA PROTEZIONE DELLE TARTARUGHE

a cura di Filippo Alberto Vaini

L'interesse che l'uomo dimostra nei confronti di questi rettili è rivolto, si può dire da sempre, verso l'aspetto alimentare e l'utilizzo del carapace. In tempi remoti si aggiunse l'inserimento negli zoo e nelle collezioni scientifiche, mentre è da periodi prossimi a noi che si è andata diffondendo l'adozione delle tartarughe come animali da compagnia. Queste motivazioni, aggiunte al progressivo degrado ambientale verificatosi in varie parti del pianeta, hanno a poco a poco ridotto in assoluto il numero di tartarughe esistenti in natura e hanno portato talune specie, più minacciate di altre per alcune loro caratteristiche, fino alla pericolosa soglia dell'estinzione. È per esempio questo il caso dei Cheloni propri delle zone più industrializzate e più popolate (tartarughe europee e americane) o di quelli marini in genere.
Al fine di salvaguardare la sopravvivenza delle specie animali più minacciate, sono state promulgate leggi sia nazionali sia internazionali, redatte sotto forma di convenzioni tra Stati.

Legislazione italiana
Legge N° 874 del 19 dicembre 1975, pubblicata sul Supplemento Ordinario alla Gazzetta Ufficiale N° 49 del 24 febbraio 1976, con titolo "Ratifica ed esecuzione della convenzione sul commercio internazionale delle specie animali e ve-

getali in via di estinzione, firmata a Washington il 3 Marzo 1973". Dopo la ratifica avvenuta il 2 ottobre 1979 presso il Governo Svizzero, tale legge entra in vigore in Italia il 31 dicembre 1979. Ulteriori modifiche alla legge vengono apportate e pubblicate sul Supplemento Ordinario alla Gazzetta Ufficiale N° 41 del 12 febbraio 1980. Nella legge è riportato il testo della Convenzione alla quale hanno aderito 77 paesi, Italia compresa.

Convenzione di Washington

Al testo della convenzione sono allegate tre appendici (la terza da istituirsi a cura degli Stati aderenti), nelle quali sono comprese le specie oggetto di tutela.

Nei Principi fondamentali la legge recita testualmente: "1) L'appendice I comprende tutte le specie minacciate di estinzione per le quali esiste o potrebbe esistere una azione di commercio. [...] 2) L'appendice II comprende ... tutte le specie che ... potrebbero esserlo in un futuro ... se il commercio ... non fosse sottoposto a una regolamentazione stretta ... 3) L'appendice III comprende tutte le specie che una Parte (= Stato) dichiara sottoposte ... ad una regolamentazione ... tali da richiedere la cooperazione delle altre parti per il controllo del commercio. [...]"

Convenzione di Berna

Legifera in materia di tutela della flora e della fauna europee. Vieta la cattura, la detenzione e il commercio delle specie comprese nell'elenco. È stata firmata a Berna il 19 settembre 1979 e adottata in Italia il 5 agosto 1981, tramite la Legge N° 502 (G.U. N° 250 dell'11 settembre 1981). Vi hanno aderito: Austria, Belgio, Danimarca, Finlandia, Francia, Germania, Gran Bretagna, Grecia, Irlanda, Italia, Liechtenstein, Lussemburgo, Norvegia, Olanda, Portogallo, Spagna, Svezia, Svizzera, Turchia.

Specie protette secondo la convenzione di Washington

Famiglia	*Specie*
CHELYDAE	*Pseudemydura umbrina*
CHELONIIDAE	tutte le specie
DERMATEMYDIDAE	*Dermatemys mawii*
DERMOCHELYDAE	*Dermochelys coriacea*
EMYDIDAE	*Batagur baska*
	Clemmys muhlenbergii
	Geoclemys hamiltonii
	Geomyda tricarinata
	Kachuga tecta tecta
	Morenia ocellata
	Terrapene coahuila
PELOMEDUSIDAE	tutte le specie
TESTUDINIDAE	tutte le specie
TRIONYCHIDAE	*Lissemys punctata punctata*
	Trionyx ater
	Trionyx gangeticus
	Trionyx hurum
	Trionyx nigricans
	Trionyx triunguis

Specie protette in Europa secondo la convenzione di Berna

Famiglia	*Specie*
TESTUDINIDAE	*Testudo hermanni*
	Testudo graeca
	Testudo marginata
EMYDIDAE	*Emys orbicularis*
	Mauremys caspica
DERMOCHELYDAE	*Dermochelys coriacea*
CHELONIIDAE	*Caretta caretta*
	Lepidochelys kempii
	Chelonia mydas
	Eretmochelys imbricata

Tutte le specie sono considerate *protette*; quelle incluse nel presente elenco sono da ritenersi *rigorosamente* protette.

INDICE

Finito di stampare
nel mese di ottobre 2002
presso le Nuove Grafiche Artabano
Omegna (Vb)

per

DVE ITALIA S.p.A.
20124 Milano – Via Vittor Pisani, 16